普通学校
特殊需要学生
课程评估工具

评估手册 六年级 语文 数学 英语

Curriculum Assessment Tools for Students with Special Needs in General Primary Schools

王 辉　宋修玲　著

编写团队（按姓氏笔画排序）
王淑琴	王　霞	刘　婷	刘加芳
刘晓慧	芮代琴	李月月	吴振兰
宋晓杰	张　华	张　琳	茅　成
赵　莉	赵　敏	顾　静	钱正慧
翁丽丽	唐宁宁	黄永志	彭益珍

南京大学出版社

用专业的力量建构"适合每位儿童"的教育

党的"十九大"郑重宣告，中国特色社会主义进入了新时代。坚持教育公益性原则，深化教育改革，促进教育公平，是建设高质量教育的基本遵循；从"面向每个人的教育"走向"适合每个人的教育"是完善新时代基础教育的重大课题。特别是在我国大力推进融合教育的当下，如何有针对性地解决普通学校特殊需要学生的特殊需要问题，开展有效的"适合每个人的教育"，成为21世纪普通教育与特殊教育共同关注、探索的话题。

南京市教育局继国家随班就读教改实验区后，再向有质量的融合教育挺进。委托南京市教研室与南京特殊教育师范学院合作，组建研究团队，站在新的历史起点，探索在普通学校实施普惠性的有质量的特殊教育。南京市教研室在市教育局的直接领导下，整合各方的专业力量，在充分调研的基础上，成立"随班就读学校课程与教学调整"种子教师工作坊，以"特殊需要儿童教育诊断与评估"为主题，采用"做中学"的方式，对包括该研究团队成员在内的全市随班就读学校的骨干资源教师和巡回指导教师进行了系统培训。在学习、实践与研究的过程中，为了解决制约随班就读教育质量的关键问题——特殊需要学生课程评估工具的缺乏，该研究团队历经四年时间，攻坚克难，研制了这套评估工具。这在随班就读领域具有专业性、示范性、推广性意义。

这套课程评估工具包括语文、数学、英语三门学科，分课程评估手册和评估材料两部分，适用于普通小学中随班就读的学生以及其他有特殊需要的学生。依据这套课程评估工具，任课教师可以了解学生已具有的先备知识、技能及下一阶段的学习目标，据此规范地制订特殊需要学生的个别化教育计划、各学科学期教学计划，并设计与实施有效的课堂教学。

该研究团队经过四年多对随班就读课堂教学的探索，从课程专业的角度来看，基于本套课程评估工具研制所取得的经验，至少有以下几点值得推广：

第一，编制了适用于普通学校中有特殊需要学生的学习标准，弥补了国内空白。针对目前普通学校中有特殊需要学生的学习标准之缺失，该研究团队依据国家义务教育课程标准，编制了有特殊需要学生的学习表现标准，让普通学校的教师在学业评估时有标准可依。

第二，引领普通学校教师开展基于标准的评价，提升了教师课程素养。针对当前中小学教师普遍存在的"只会教，不会评"的问题，该研究团队依据上述的表现标准，开发小学语文、数学、英语三个学科的课程评估手册、评估材料，为普通学校的教师对有特殊需要的学生开展课程评估提供了支架，为融合教育课程与教学的调整提供了依据。

第三，推进有效教学的核心技术，改善了教学质量。该团队培训教师依据上述表现标准编制了各个阶段的教学方案，实施教—学—评一致的教学，确保普通学校"在促进教育公平的前提下提高教学质量"。

第四，创设有特殊需要学生"人人出彩"的机会，促进了教育公平。该团队依据国家课程标准编制分级目标，教师可以根据学生的特殊需要开展评价，学生及其家长也可以根据实际情况确定目标，这有助于有特殊需要的学生在普通学校学习阶段找到成就感，增强其自我效能感。

不过，对于教师借鉴、使用此研究成果时有一点建议，那就是教师在使用经过分解或转化之后的分科分级目标进行教学时，要避免陷入孤立、琐碎地"对标"的误区，注重评估学生在真实情境下问题解决的综合表现，从目标整合的角度关注学生关键能力、必备品格与价值观念的养成；要超越基于知识点的"双向细目表"，探索素养导向的真实情境的问题解决，进一步引领学科育人方式的变革。

期待这套基于标准的课程评估工具在我国融合教育课程与教学改革中发挥重要的推进作用，也期待该研究团队继续扮演专业引领者的角色，为我国普特融合的教育事业多做贡献！

华东师范大学课程与教学研究所所长
崔允漷

前　言

完善特殊教育保障机制，提高特殊教育质量，促进教育公平，是《中华人民共和国国民经济和社会发展第十四个五年规划和2035年远景目标纲要》以及《深化新时代教育评价改革总体方案》的重要精神。为了保障特殊需要学生平等受教育权利，引领教师上好每一节课、关爱每一个学生，促进教师专业发展，完善提高融合教育中特殊需要学生教育评估机制，我们探索研制了《普通学校特殊需要学生课程评估工具》，分为《评估手册》和《评估材料》两个部分。

《评估手册》和《评估材料》是一套专供在普通学校学习的特殊需要学生使用的课程本位评估工具。这套评估工具是在南京市教育局委托下，由南京市教学研究室与南京特殊教育师范学院合作，选拔南京市普通学校、特教学校各学科部分骨干教师组建研究团队，在南京特殊教育师范学院王辉教授的全程指导下基于义务教育课程标准和个别化教育理念研发而成。这也是在全国融合教育快速发展的大背景下，为回应随班就读学校亟待解决的课程与教学调整问题而做的行动探索。

2015年，南京市成为国家特殊教育改革实验区之一，重点开展"加强残障儿童少年随班就读工作"实验。在南京市教育局的直接领导下，陆续开展了理念宣传、机构建设、机制建立、资源配置、师资培训等一系列工作，融合教育理念逐步推广，随班就读的社会公共服务体系和特殊教育支持保障逐步完善，随班就读工作局面全面展开。随之而来，对随班就读学生教什么、怎么教、怎样评等关乎教育教学质量的问题不可回避地被提上了议事日程。

2016年，受南京市教育局委托，南京市教学研究室与南京特殊教育师范学院合作，把"随班就读学校课程与教学调整"作为提升融合教育教学质量研究的重点进行攻关。经过了国内外考察学习和对本地情况的调研摸底，我们逐渐从纷繁复杂的矛盾中厘清：评估是课程与教学调整的逻辑起点，没有科学的评估，课程与教学调整就没有科学的依据。不了解特殊需要学生具有了哪些先备知识、技能与学习能力以及有何特殊需要，就无法找到特殊需要学生学习的起点、制订适切的学习目标，就无法在教学目标、教学内容、教学策略、教学评价等方面形成一致性和整体性。唯有抓住了评估，才能纲举目张，理顺随班就读课程与教学中的种种矛盾，实现有质量或高质量的发展。

2018年，我们在全市遴选出40位巡回指导教师和资源教师，成立了"南京市随班就读课程与教学调整工作坊"。五年多的时间，在王辉教授的引领和指导下，以形成专业、系统的随班就读课程与教学调整模式、调整流程和调整策略为目标，以特殊儿童教育诊断与评估为起点，用"做中学"的方式开展了系统性的培训和实践探索活动。

培训与实践过程中我们认识到，国内目前仅有解决特殊需要学生的筛查性评估和心理能力发展状况评估的工具及方法，缺乏现成的基于国家课程标准的随班就读学生学业成就的评估工具。没有现成可用的学业评估工具怎么办，大家达成共识：自研！因此基于国家课程标准和个别化教育理念，为普校特殊需要学生研编本土的学业评估工具成为整个探索过程中需要攻克的难关。

在学业评估工具研制探索的过程中，我们首先尝试了自下而上、较为便捷的思路，即用现成的单元和期中、期末试卷作为评估工具，希望从测试结果分析出学生的学业水平现状和下一阶段的学习目标。可是各区域、学校试卷从难度上与课标要求并不完全一致，从内容上也无法涵盖所有，导致测试出来的结果无法准确、全面反映学生的现有学业水平；同时，试卷缺乏难易梯度，测试结果无法为教学目标的制订提供科学的依据。尝试以后，大家认识到研制学业评估工具无捷径可走，必须转换思路，迎难而上去攻关。王辉教授又带领我们采用自上而下的方式，即分解课程标准中的各阶段目标，从学科核心素养角度细化到行为目标，根据行为目标和特殊需要学生特点来编制评估项目，再根据评估项目来确定评估内容和方法，编选试题和评估材料，确定评估标准等。通过学生在试题上的表现，来判断每项知识或技能的掌握状况，从而确定特殊需要学生现有学业水平、可接近性学习目标，为下一阶段学习目标的制定提供依据。

从思路确定到评估工具成型，再经历实践验证与反馈修订，是一个极其艰难又意义非凡的过程。五年多的时间，二十几位普教、特教各学科的骨干教师，数十个假日周末，或现场或网络，上百次的学习、讨论，多少次修改，已经难以计数。大家从研读课标、解析目标、研究评估工具的结构、确定评估手册与评估材料的规格及样例编码，到科学规范地制定目标，反复斟酌编制评估材料，甚至每一幅图片的拍摄选择，都经历了无数次观点碰撞、脑力激荡，一次次陷入困顿，又一次次取得突破。王辉教授诲人不倦，不断帮助老师们转变思路：评估不是考试；评估不是教学。老师们也从最初想当然认为"学生会了就是会了，不会就是不会"，到最后大家自觉认识到"学生会了（题目做对了）不一定是真的会（核心能力建立起来），学生不会（做错了）不一定完全不会（完全没有此项能力）"，评估工具正是帮助我们去寻找学生真正的能力起点和学习目标。可以说工具研制的过程是对课程标准系统的学习研究过程，是对课程与教学全新的认识过程，也是对学生学习再发现的过程，更是教师们跳出传统思路，转变思维，努力超越自我的过程。就这样，才有了呈现在大家面前的这套适用于普通小学特殊需要学生的课程《评估手册》和《评估材料》。

一种工具的使用往往代表的是一种思维方式的引入。希望本套课程评估工具能帮助我们重新认识司空见惯的课堂教学和学生学习，让所有有特殊需要的孩子，不仅是残障儿童，都能被看见，这是实现每个孩子都能得到适合的教育的第一步。

感谢南京市教育局和南京市教研室对本项研究的全力支持，感谢我的同事，南京市教研室小学数学教研员朱宇辉老师、小学语文教研员徐艳老师、小学英语教研员张海燕老师给与鼓励和指导；感谢我们的教研同行，秦淮区教师发展中心小学语文教研员张晶媚老师、原浦口区教研室主任李嘉夫老师和浦口区小学数学教研员赵学武老师的精心指导；感谢南京市特殊教育指导中心、各区特殊教育指导中心，尤其是秦淮区特殊教育指导中心王淑琴校长的协助；感谢许许多多融合教育实验学校，如南京市后标营小学、南京市朝天宫民族小学、南京市中山小学的大力支持。评估工具研制的过程是一个普通教育与特殊教育教研的融合以及双方教师融合的过程。感谢南京大学出版社丁群编辑为本工具的审校付出了辛勤的劳动。在评估材料中我们使用了大量义务教育教科书中的内容和图片，在此也表示衷心感谢！

尤其感谢南京特殊教育师范学院王辉教授的倾心指导与引领。理论最大的价值，在于改变实践。对于所有的参与者来说，王辉教授带给我们的不仅是开阔的视野、先进的理论和方法，更重要的是改革的勇气和探索的自信。

我国教育已进入整体抓质量的新阶段，对于提高随班就读教育教学质量来说，万里长征我们才迈出第一步，期待有更多的伙伴一起加入这个富有挑战性的探索大潮。

南京市教学研究室特殊教育教研员

宋修玲

编写说明

《普通学校特殊需要学生课程评估工具》（以下简称《评估工具》）是一套专供在普通学校学习的特殊需要学生使用的课程本位的评估工具，包括《评估手册》和《评估材料》两个部分。

一、适用对象

本套课程评估工具适用于普通学校义务教育小学阶段的随班就读学生，以及学习困难/障碍、情绪与行为障碍等其他有特殊需要的学生。

二、研制思路

本套课程评估工具研制的指导思想是"以生为本"；研制的直接依据是普通学校义务教育阶段的国家课程标准（2011年版）（以下简称《课标》）和现行的各科教材。本套课程评估工具研制原则如下：

1. 突出以中小学义务教育课程标准为基本指南的原则。贯彻落实立德树人根本宗旨，遵循《课标》基本要求，进行系统性、协同性的整体设计。各科课程《评估手册》中的领域与目标体系以《课标》为本，体现出学科逻辑和年段特点，构建起学科能力系统，通过评估，实现学生的特殊需要与普通学校教学无缝无痕贯通衔接。

2. 突出尊重特殊需要学生差异性的原则。坚持个别化教育理念，充分尊重和遵循特殊需要学生多样化的身心特点和学习发展规律，分层次、多样性地编制评估项目，并根据评估项目做出不同内容和评估方法安排。强调多元化、个别化评估，服务特殊需要学生个性化成长。

3. 突出挖掘潜能与全面发展的原则。坚信每一个特殊需要学生在各个领域都有发展的潜能，只要提供适合的教育，都能充分成长。各学科《评估工具》重视多学科、多领域、全面、深度剖析特殊需要学生学科核心素养和能力水平，逐项分析并提出针对性的发展建议，引导教师全面深入了解学生，积极平等地关切特殊需要学生的成长，促进特殊需要学生的全面发展。

4. 突出适用所有特殊需要学生的普惠性与通用性原则。采用全方位通用设计理念，根据课程本位评估的方法，按照国家普通中小学课程方案、课程标准和统一教材要求，做了学习领域的划分和目标的分解、细化，普惠性地服务普通学校各类特殊需要学生。

5. 突出工具操作的实用性原则。坚持服务于普通学校特殊需要学生教育评估的目标，以规范性、工具性为特色，在目标分解、评估项目、评估内容和方法、评估结果与分析、结论与建议以及评估材料选配等设计上，重视教师操作便利性的需要，方便评估使用。

6. 突出促进提高教师融合教育专业知识与技能的原则。根据大班集体教学的现实和专职资源教师匮乏的实际，以服务于教师在大班集体教学中课程和教学调整为目标，重视通过《评估工具》为教师提供可借鉴、可操作的依据，引领教师上好每一节课，切实关爱到每一个特殊需要学生。

三、内容与结构

本《评估手册》包括小学语文、小学数学、小学英语3门课程，每门课程的《评估手册》分别配备了对应的《评估材料》，供评估者配套使用。

每门课程的《评估手册》都包含评估标准、使用指南和评估领域三个部分。每个评估领域的内容以表格形式列出，包括一级目标、二级目标、三级目标（仅数学分解到三级目标）、评估项目、评估内容和方法，以及评估记录、评估结果与分析、结论与建议，如下图。

识字与写字领域

姓名：_____　　年级：_____　　评估者：_____　　评估日期：_____

一级目标	二级目标	评估项目		评估内容/方法	评估记录	评估结果与分析		结论与建议
		序号	项目			得分	分析	
1 能按正确姿势写字	1.1 能按正确坐姿写字	1	按正确坐姿写字	日常观察				
	1.2 能按正确握笔姿势写字	2	按正确握笔姿势写字	日常观察				
2 会写180个汉字	2.1 能书写180个汉字	3	听写180个常用汉字	3-1 书写听到的汉字（见材料一）				
		4	仿写180个常用汉字	4-1 仿写汉字（见材料二）				

四、评估方法

在评估中要坚持多元、开放、整体的评估原则。采用的评估方法主要有：操作解答、书面（口头）测验、作业分析、日常观察等。不同的评估项目所需要的评估方法不尽相同，评估者可根据需要灵活选择。

在评估过程中要充分考虑学生的特殊需要，调整评估的方式方法以适合学生。如有语言障碍的学生，不能用口语表达，也可以用手势比划出结果；有视觉障碍的学生需提供助视器等辅助设备。

为保证评估效度，应尽量保证前后评估人员的一致性。

五、评估标准

评估者在使用各科《评估手册》和《评估材料》对特殊需要学生进行评估时，要根据评估标准进行准确评判。本套评估工具的评估标准分为"3、2、1、0"四个等级分数，每个等级的分数代表着不同的表现水平。

3分：独立完成单一知识/技能；或独立完成多重知识/技能100%。

2分：独立完成或在单一支持下完成多重知识/技能60%及以上；或在单一支持下完成单一知识/技能。

1分：独立完成或在多重支持下完成多重知识/技能20%~60%以内；或在多重支持下完成单一知识/技能。

0分：独立完成或在多重支持下完成多重知识/技能20%以下；或在多重支持下无法完成单一知识/技能。

评估者根据学生的表现，给予学生单一提示或者多重提示，每种提示不超过3次，同时给出对应分值。

六、评估与应用

对特殊需要学生评估时，根据评估标准对《评估手册》中的每个评估项目评定相应的等级分值，并将评估结果中的3分项、2分项和1分项分别汇总梳理。3分项代表被评估的特殊需要学生已经具有了相应的先备知识和技能，这是学生学习的起点和基础；2分项和1分项代表被评估的特殊需要学生在支持或提示下可以完成这些项目，这些项目所对应的目标就是特殊需要学生在该门课程学习上的最近发展区，这些目标就成为特殊需要学生的可接近性学习目标。

根据学生学习需要的迫切性，在可接近性学习目标中选择确定该生在该门课程上的学期学习目标和单元学习目标。评估手册中的一级目标即为学期层级目标，评估手册中的二级目标即为单元/月层级目标。将特殊需要学生的个人学期学习目标和单元学习目标确定后，结合班级的学科教学计划，将特殊需要学生的学期学习目标和单元学习目标分解、嵌入到班级学期教学计划以及每个单元、每个课时中，并根据该生的学习目标对班级的课程与教学进行调整，以适应该特殊需要学生。

一个学期学习结束后，再对特殊需要学生实施课程评估，将此次评估的结果与前次评估的结果进行对照、比较，分析该生一学期的学习目标是否达成，学习效果和教师教学成效如何。同时，借此评估确定下一阶段的学习目标，并依此进行课程与教学调整。以此，周而复始。

通过本套课程评估工具评估所得的评估结果，一方面可作为确定特殊需要学生已有先备知识、技能和教学起点的依据；另一方面可作为确定特殊需要学生的学习目标（包括学期、单元、周、课时目标），为制定个别化教育计划（简称IEP）和教学计划的依据；此外，评估结果还可以作为学校教育教学、管理与评价的依据。

本《评估手册》和《评估材料》作为融合教育学校教师课程调整、教学设计实施和教学评价的参考，可以根据特殊需要学生的学习需要和学习进程，科学、灵活、创造性地使用。

目 录

语文·六年级（上册）

使用指南·················· 3
识字与写字领域·············· 7
阅读领域·················· 10
口语交际领域··············· 17
习作领域·················· 21

语文·六年级（下册）

使用指南·················· 27
识字与写字领域·············· 31
阅读领域·················· 34
口语交际领域··············· 40
习作领域·················· 43

数学·六年级（上册）

使用指南·················· 48

数与代数领域……………………………………… 53

图形与几何领域…………………………………… 68

数学·六年级（下册）

使用指南…………………………………………… 77

数与代数领域……………………………………… 82

图形与几何领域…………………………………… 91

统计与概率领域…………………………………… 99

英语·六年级（上册）

使用指南…………………………………………… 104

听做领域…………………………………………… 108

说唱领域…………………………………………… 110

认读领域…………………………………………… 112

书写领域…………………………………………… 115

英语·六年级（下册）

使用指南…………………………………………… 119

听做领域…………………………………………… 123

说唱领域…………………………………………… 125

认读领域…………………………………………… 127

书写领域…………………………………………… 130

语文·六年级
（上册）

编写人员：

顾 静　王淑琴　唐宁宁　彭益珍　钱正慧　张 琳
张 华　赵 莉

学　　校：_____　　年　　级：_____
姓　　名：_____　　出生日期：_____
评 估 者：_____　　评估时间：_____

评估标准：

　　3分：独立完成单一知识/技能；或独立完成多重知识/技能100%。

　　2分：独立完成或在单一支持下完成多重知识/技能60%及以上；或在单一支持下完成单一知识/技能。

　　1分：独立完成或在多重支持下完成多重知识/技能20%～60%以内；或在多重支持下完成单一知识/技能。

　　0分：独立完成或在多重支持下完成多重知识/技能20%以下；或在多重支持下无法完成单一知识/技能。

使用指南

一、设计思路

六年级上册语文课程评估手册共分为识字与写字、阅读、口语交际、习作四个领域，每个领域的目标由一级目标和二级目标组成，每个二级目标下设置评估项目。本册共计4个领域、17个一级目标、35个二级目标、66个评估项目。识字与写字领域一级目标4个，二级目标7个，评估项目10项；阅读领域一级目标6个，二级目标12个，评估项目24项；口语交际领域一级目标5个，二级目标8个，评估项目16项；习作领域一级目标2个，二级目标8个，评估项目16项。一级目标来自义务教育语文课程标准，二级目标是结合人民教育出版社六年级上册语文教材对一级目标分解而来。每个二级目标下设计有2~4个评估项目，同一个二级目标下的评估项目是按照由独立到提示或难易度排列。如：识字与写字领域二级目标"2.1能书写180个汉字"下，有四个评估项目，"3.听写180个常用汉字"，这是评估学生能否独立听写，能听写多少，能写对多少；"4.仿写180个常用汉字"这是评估学生不能独立听写时，在范字提示下，能抄写多少，能抄对多少；"5.描写180个常用汉字"，这是评估学生不能独立听写和仿写时，能描写多少；"6.用其他的方式写180个常用汉字"，这是评估学生不能握笔书写时，可以用书空、指写等合适的方式书写汉字。每个评估项目后都列出了评估内容/方法，说明评估什么、用什么评估、怎么评估。

二、操作方法

评估时，评估者先从第一个评估项目开始，如果被评估的学生在该评估项目上全部通过，直接跳到下一个二级目标的评估项目1继续评估，依此类推。对通过的项目在评估手册的"评估记录"栏中记录评估结果，如："书写180个常用汉字"，如果学生能全部独立听写，就根据评分标准在"评估结果与分析"得分栏中记3分，分析栏中说明该生已经100%掌握六年级上册180个常用汉字的书写，学习目标已达成，建议该生可以进入下一册常用汉字的学习。如果学生能独立听写108个，正确率60%，记2分；如果学生只能独立听写36个，正确率20%，记1分，分析栏中说明该生未能全部掌握，只能独立听写60%或20%，剩余的40%或80%不能独立听写，建议进行提示再评估。

如果被评估的学生在评估项目1（独立完成项目）没有全部通过，其中没有通过的评估内容就进入评估项目2（提示下完成项目）继续评估。如果在单一提示下完成，属于2分项；如果在两种或两种以上提示下完成，属于1分项；如果在多重提示下仍然无法完成，属于0分项，都在评估材料中标注评估结果。将处于最近发展区的2分项和1分项分别汇总，填写在评估手册的"评估结果与分析"栏中，并做分析。2分项和1分项是学生可接近性学习目标，从中优先选择迫切需要学习的项目，作为下一阶段的学习目标，填写在"结论与建议"中。

三、评估列举

（一）识字与写字领域

1. 二级目标1.1中，"1.按正确坐姿写字"是评估学生是否养成了良好的书写习惯。学生在进行二级目标2.1评估项目时，评估者观察、记录即可。

2. 二级目标2.1中，"3.听写180个常用汉字"，听写内容见材料二中的180个汉字。"6.用其他的方式"是指学生可以用书空、指写等合适的方式书写汉字完成评估。

3. 二级目标3.1中，"7.点评书写作品"，是评估学生能否从汉字的间架结构、书写格式等方面点评他人的书写作品。

4. 二级目标3.2中，"8.用钢笔书写一篇作品"，是评估学生能否按格式要求独立书写一篇横写或竖写的作品。

5. 二级目标4.1是评估学生能否说出"柳体"书法作品特点。

6. 二级目标4.2是评估学生能否用毛笔仿写"柳体"书法作品。

（二）阅读领域

1. 二级目标1.1中，"读准"指发音准确、吐字清晰。"在提示下"指可以通过评估者手指课文内容、范读等方法帮助学生完成评估。

2. 二级目标1.2中，"读通"指不读错字，不丢字、添字，把句子完整、流利地读出来。"在提示下"指可以通过评估者手指课文内容、范读等方法帮助学生完成评估。

3. 二级目标1.3中，"有感情"指正确处理重音、停顿，运用适当的语调、速度和节奏，读时能恰当、自然地流露感情。"在提示下"指可以通过评估者手指课文内容、范读、手势提示、表情提示等方法帮助学生完成评估。

4. 二级目标4.1中，"在提示下"指评估者引导学生说出文章的主要观点，评估者提示语例：阅读文章最后一个自然段，你感受到哈尔威船长具有怎样的精神？

5. 二级目标6.1中，"在提示下"指通过评估者背上半句，学生背下半句或者说出古诗意思等方法帮助学生完成评估。

（三）口语交际领域

1. 口语交际领域主要通过日常观察、询问的方式进行评估，如评估者较熟悉学生，可根据学生日常表现直接评分。如不了解，则可根据评估手册、材料进行评估。六年级上册评估材料参照教材，有的去掉了交流事例，如材料一《意见不同怎么办》；有的去掉了与人沟通、交流的具体方法，如材料二《请你支持我》；还有的交流主题进行了调整，如材料三《聊聊国画》、材料四《演讲》。

2. 二级目标1.1和4.1中，虽然一级目标不同，但是对评估材料没有限制，建议评估者更多利用日常观察，了解学生与人交流或讨论时，是否能做到尊重不同意见，态度平和，以理服人，语气、语调适当，姿态大方。

3. 二级目标2.1中，评估"3.先说想法，再把具体的理由讲清楚"，评估者要规范操作步骤，即先让学生说想法，再把具体理由讲清楚。

4. 二级目标4.3中，"有条理地分点说明"评估者要把握"条理""分点"两个关键要求，如果这些要求需要提示或无法达成，评估者在评估记录中要进行记录和分析。

5. 二级目标5.1中，评估"15.设想对方可能的反应，恰当应对"，建议利用日常观察、询问，了解学生在与人交流、讨论过程中，是否能恰当应对。

（四）习作领域

1. 二级目标1.1中，"写一个活动场面"指能用点面结合的方法描写一个活动场面，写清楚活动过程，将重点部分写具体。"在提示下"指评估者通过谈话启发、提供词汇等方法帮助学生完成评估。

2. 二级目标1.2中，"写一次自己的生活体验"指能写清楚某种事物让假期生活变精彩的经历，并把原因写具体。"在提示下"指评估者通过谈话启发、提供词汇等方法帮助学生完成评估。

3. 二级目标1.3中，"写自己的一种爱好"指能描写自己的一种爱好，重点部分写具体，表达出内心的成就感和自豪感。"在提示下"指评估者通过谈话启发、提供词汇等方法帮助学生完成评估。

4. 二级目标1.4中，"围绕中心意思写生活中发生的事情"指能围绕一个意思选择不同的事例或从不同的方面写，将重要的部分写详细、写具体。"在提示下"指评估者通过谈话启发、提供词汇等方法帮助学生完成评估。

5. 二级目标1.5中，"写一个人的具体事件，表达自己对他（她）的情感"指选择一个人，通过对深刻场景的描述，表达自己对这个人的情感。"在提示下"指评估者通过谈话启发、提供词汇等方法帮助学生完成评估。

6. 二级目标1.6中，"写一个想象故事"指能联系生活经验，展开丰富想象创编故事，把重点部分写详细。"在提示下"指评估者通过谈话启发、提供词汇等方法引导学生展开想象创编故事，帮助学生完成评估。

7. 二级目标1.7中，"创编一个生活故事"指能展开想象，根据提供的环境和人物创编生活故事，把故事情节写完整，能吸引人。"在提示下"指评估者通过谈话启发、提供词汇等方法引导学生展开想象创编故事，帮助学生完成评估。

8. 二级目标2.1中，"写一份倡议书"指能就自己关心的问题写一份倡议书，做到格式正确、内容清楚。"在提示下"指评估者通过谈话启发、提供范例或词汇等方法帮助学生完成评估。

识字与写字领域

姓名：_____ 年级：_____ 评估者：_____ 评估日期：_____

一级目标	二级目标	序号	项目	评估内容/方法	评估记录	评估结果与分析		结论与建议
						得分	分析	
1 能按正确姿势写字	1.1 能按正确坐姿写字	1	按正确坐姿写字	日常观察				
	1.2 能按正确握笔姿势写字	2	按正确握笔姿势写字	日常观察				
2 会写180个汉字	2.1 能书写180个汉字	3	听写180个常用汉字	3-1 书写听到的汉字（见材料一）				
		4	仿写180个常用汉字	4-1 仿写汉字（见材料二）				

（续表）

一级目标	二级目标	评估项目		评估内容/方法	评估记录	评估结果与分析		结论与建议
		序号	项目			得分	分析	
3 能赏析并用钢笔创作规范、美观的书写作品		5	描写180个常用汉字	5-1 描写汉字（见材料三）				
		6	用其他的方式写180个常用汉字	6-1 选用合适的方式写出汉字				
	3.1 能赏析书写作品	7	点评书写作品	7-1 点评书写作品（见材料四）				
	3.2 能用钢笔创作规范、美观的书写作品	8	用钢笔书写一篇作品	8-1 书写一篇作品（见材料五）				

（续表）

一级目标	二级目标	评估项目		评估内容/方法	评估记录	评估结果与分析		结论与建议
		序号	项目			得分	分析	
4 能欣赏并用毛笔书写"柳体"楷书作品	4.1 欣赏"柳体"书法作品，能说出/比划出作品特点	9	说出/比划出"柳体"书法作品特点	9-1 说出/比划出"柳体"书法作品特点（见材料六）				
	4.2 能用毛笔临摹"柳体"书法作品	10	用毛笔临摹"柳体"书法作品	10-1 用毛笔在毛边纸或宣纸上临摹书法作品（见材料六）				

阅读领域

姓名：_____ 年级：_____ 评估者：_____ 评估日期：_____

一级目标	二级目标	评估项目		评估内容	评估记录	评估结果与分析		结论与建议
		序号	项目			得分	分析	
1 能用普通话正确、流利、有感情地朗读课文	1.1 能读准字音	1	正确地朗读所学的课文	1-1 朗读课文《郑成功》第5自然段，《詹天佑》第6自然段（见材料一）				
		2	在提示下正确地朗读所学的课文	2-1 在评估者指导下，朗读课文《郑成功》第5自然段，《詹天佑》第6自然段（见材料一）				
	1.2 能读通课文	3	通顺地朗读所学的课文	3-1 朗读课文《郑成功》第5自然段，《詹天佑》第6自然段（见材料一）				
		4	在提示下通顺地朗读所学的课文	4-1 在评估者指导下，朗读课文《郑成功》第5自然段，《詹天佑》第6自然段（见材料一）				

（续表）

一级目标	二级目标	评估项目		评估内容	评估记录	评估结果与分析		结论与建议
		序号	项目			得分	分析	
	1.3 能有感情地朗读课文	5	有感情地朗读所学的课文	5-1 朗读课文《詹天佑》第5自然段、第6自然段（见材料一）成功				
		6	在提示下有感情地朗读所学的课文	6-1 在评估者指导下，朗读课文《詹天佑》第5自然段、第6自然段（见材料一）成功				
2 能在浏览文章时根据需要搜索信息	2.1 能在浏览文章时根据需要搜索信息	7	说出/比划出在浏览文章时根据需要搜索到的信息	7-1 说出/比划出在浏览《詹天佑》时根据需要搜索到的信息（见材料二）成功				
		8	在提示下说出/比划出在浏览文章时根据需要搜索到的信息	8-1 在提示下说出/比划出在浏览《詹天佑》时根据需要搜索到的信息（见材料二）成功				

（续表）

一级目标	二级目标	评估项目		评估内容	评估记录	评估结果与分析		结论与建议
		序号	项目			得分	分析	
3 能辨别词语的感情色彩，体会其表达效果	3.1 能借助语言文字，展开想象，体会艺术之美	9	根据想象，说出/比划出文字描绘的画面	9-1 根据想象，说出/比划出文字描绘的画面（见材料二）				
		10	在提示下根据想象，说出/比划出文字描绘的画面	10-1 在提示下根据想象，说出/比划出文字描绘的画面（见材料二）				
4 能体会作者的思想感情，初步领悟文章的基本表达方法	4.1 能说出/比划出文章的主要观点	11	说出/比划出文章的主要观点	11-1 说出/比划出郑成功对荷兰侵略者强占我国宝岛台湾的观点（见材料二）				

（续表）

一级目标	二级目标	序号	评估项目 项目	评估内容	评估记录	评估结果与分析 得分	评估结果与分析 分析	结论与建议
	4.2 能说出/比划出文章怎样结合点面写场面的	12	在提示下说出/比划出文章的主要观点	12-1 在提示下说出/比划出郑成功对荷兰侵略者强占我国宝岛台湾的观点（见材料二）				
		13	说出/比划出文章怎样结合点面写场面的	13-1 说出/比划出《郑成功》第5自然段中是怎样结合点面的（见材料二）				
		14	在提示下说出/比划出文章是怎样结合点面写场面的	14-1 在提示下说出/比划出《郑成功》第5自然段中是怎样结合点面写场面的（见材料二）				

（续表）

一级目标	二级目标	评估项目		评估内容	评估记录	评估结果与分析		结论与建议
		序号	项目			得分	分析	
5 能了解文章中事件梗概，简单描述自己印象最深的场景、人物、细节，说出自己的喜爱、憎恶、崇敬、向往、同情等感受。能大体把握诗意，想象诗歌描述的情境，体会作者的情感	5.1 能关注情节、环境，说出/比划出人物形象	15	关注情节、环境，说出/比划出人物形象	15-1 关注郑成功收复台湾、建设台湾的情节，说出/比划出郑成功是一个怎样的人（见材料二）				
		16	在提示下关注情节、环境，说出/比划出人物形象	16-1 在提示下关注郑成功收复台湾、建设台湾的情节，说出/比划出郑成功是一个怎样的人（见材料二）				
	5.2 能借助相关资料，说出/比划出文章主要内容	17	借助相关资料，说出/比划出文章主要内容	17-1 借助相关资料，说出/比划出《郑成功》的主要内容（见材料二）				
		18	在提示下借助相关资料，说出/比划出文章主要内容	18-1 在评估者指导下，借助相关资料，说出/比划出《郑成功》的主要内容（见材料二）				

（续表）

一级目标	二级目标	评估项目		评估内容	评估记录	评估结果与分析		结论与建议
		序号	项目			得分	分析	
	5.3 能发挥想象，说出/比划出诗歌描绘的画面	19	发挥想象，说出/比划出诗歌描绘的画面	19-1 发挥想象，说出/比划出《西江月·夜行黄沙道中》描绘的画面（见材料三）				
		20	在提示下发挥想象，说出/比划出诗歌描绘的画面	20-1 在提示下发挥想象，说出/比划出《西江月·夜行黄沙道中》描绘的画面（见材料三）				
	5.4 能说出/比划出优秀诗文表达的美好情感	21	说出/比划出优秀诗文表达的美好情感	21-1 说出/比划出《西江月·夜行黄沙道中》表达的美好情感（见材料三）				
		22	在提示下说出/比划出优秀诗文表达的美好情感	22-1 在提示下说出/比划出《西江月·夜行黄沙道中》表达的美好情感（见材料三）				

（续表）

一级目标	二级目标	评估项目		评估内容	评估记录	评估结果与分析		结论与建议
		序号	项目			得分	分析	
6 能诵读优秀诗文	6.1 能背诵优秀诗文10首	23	背诵所学的优秀诗文10首	23-1 背诵《宿建德江》《六月二十七日望湖楼醉书》《西江月·夜行黄沙道中》《过故人庄》《七律长征》《回乡偶书》《春日》《浪淘沙（其一）》《江南春》《书湖阴先生壁》（见材料四）				
		24	在提示下背诵所学的优秀诗文10首	24-1 在评估者指导下，背诵《宿建德江》《六月二十七日望湖楼醉书》《西江月·夜行黄沙道中》《过故人庄》《七律长征》《回乡偶书》《春日》《浪淘沙（其一）》《江南春》《书湖阴先生壁》（见材料四）				

口语交际领域

姓名：_____ 年级：_____ 评估者：_____ 评估日期：_____

一级目标	二级目标	评估项目		评估内容/方法	评估记录	评估结果与分析		结论与建议
		序号	项目			得分	分析	
1 与人交流时，能尊重、理解对方	1.1 讨论问题时，能尊重不同意见，态度要平和，以理服人	1	讨论一个话题时，尊重不同意见，态度要平和，以理服人	1-1 日常观察，询问或见材料一				
		2	讨论一个话题时，在提示下尊重不同意见，态度要平和，以理服人	2-1 日常观察，询问或见材料一				
2 参与讨论时，能勇于发表自己的意见，说清自己的观点	2.1 参与讨论时，能先说想法，再把具体理由讲清楚	3	参与一个话题讨论时，先说想法，再把具体的理由讲清楚	3-1 日常观察，询问或见材料二				
		4	参与一个话题讨论时，在提示下先说想法，再把具体的理由讲清楚	4-1 日常观察，询问或见材料二				

（续表）

一级目标	二级目标	评估项目		评估内容/方法	评估记录	评估结果与分析		结论与建议
		序号	项目			得分	分析	
	2.2 参与讨论时，能对感兴趣的话题深入交谈	5	参与一个话题讨论时，对感兴趣的话题深入交谈	5-1 日常观察，询问或见材料三				
		6	参与一个话题讨论时，在提示下对感兴趣的话题深入交谈	6-1 日常观察，询问或见材料三				
3 听人说话时，能认真、能耐心、能抓住要点	3.1 听人说话时，能准确把握别人的观点，不歪曲，不断章取义	7	听别人阐述对某个问题的看法时，准确把握别人的观点，不歪曲，不断章取义	7-1 日常观察，询问或见材料一				
		8	听别人阐述对某个问题的看法时，在提示下准确把握别人的观点，不歪曲，不断章取义	8-1 日常观察，询问或见材料一				

（续表）

一级目标	二级目标	评估项目		评估内容/方法	评估记录	评估结果与分析		结论与建议
		序号	项目			得分	分析	
4 表达有条理，能语气、语调适当	4.1 表达时能语气、语调适当，姿态大方	9	围绕一个话题演讲时，语气、语调适当，姿态大方	9-1 日常观察，询问或见材料四				
	4.2 表达时能利用停顿、重复或者辅以动作强调要点，增强表现力	10	围绕一个话题演讲时，在提示下语气、语调适当，姿态大方	10-1 日常观察，询问或见材料四				
		11	围绕一个话题演讲时，利用停顿、重复或者辅以动作强调要点，增强表现力	11-1 日常观察，询问或见材料四				
		12	围绕一个话题演讲时，在提示下利用停顿、重复或者辅以动作强调要点，增强表现力	12-1 日常观察，询问或见材料四				

（续表）

一级目标	二级目标	评估项目		评估内容/方法	评估记录	评估结果与分析		结论与建议
		序号	项目			得分	分析	
	4.3 表达时能有条理的分点说明	13	围绕一个话题交流时，有条理地分点说明	13-1 日常观察、询问或见材料三				
		14	围绕一个话题交流时，在提示下有条理地分点说明	14-1 日常观察、询问或见材料三				
5 能根据对象和场合，做简单的准备，做简单的发言	5.1 能设想对方可能的反应，恰当应对	15	说服别人时，设想对方可能的反应，恰当应对	15-1 日常观察、询问或见材料二				
		16	说服别人时，在提示下设想对方可能的反应，恰当应对	16-1 日常观察、询问或见材料二				

习作领域

姓名：_____ 年级：_____ 评估者：_____ 评估日期：_____

一级目标	二级目标	评估项目 序号	评估项目 项目	评估内容/方法	评估记录	评估结果与分析 得分	评估结果与分析 分析	结论与建议
1 能留心观察周围事物，见闻丰富，积累简单的写作素材，写记实作文和想象作文，内容具体，感情真实，分段表述	1.1 能用点面结合的方法描写活动或场面	1	用点面结合的方法写一次活动或一个场面	1-1 写一个活动场面（见材料一）				
		2	在提示下用点面结合的方法写一次活动或一个场面	2-1 在提示下写一个活动场面（见材料一）				
	1.2 能写出自己的生活体验和看法	3	写出自己的生活体验和看法	3-1 写一次自己的生活体验（见材料二）				
		4	在提示下写出自己的生活体验和看法	4-1 在提示下写一次自己的生活体验（见材料二）				

(续表)

一级目标	二级目标	评估项目		评估内容/方法	评估记录	评估结果与分析		结论与建议
		序号	项目			得分	分析	
	1.3 能描写自己带给自己成就感的技能或事件，重点部分写具体	5	描写带给自己成就感的技能或事件，重点部分写具体	5-1 写自己的一种爱好（见材料三）				
		6	在提示下描写带给自己成就感的技能或事件，重点部分写具体	6-1 在提示下写自己的一种爱好（见材料三）				
	1.4 能围绕中心意思选择材料，写生活中发生的事情或想象的故事	7	围绕中心意思选择材料，写生活中发生的事情或想象的故事	7-1 围绕中心意思写生活中发生的事情（见材料四）				
		8	在提示下围绕中心意思选择材料，写生活中发生的事情或想象的故事	8-1 在提示下围绕中心意思写生活中发生的事情（见材料四）				

（续表）

一级目标	二级目标	评估项目		评估内容/方法	评估记录	评估结果与分析		结论与建议
		序号	项目			得分	分析	
	1.5 能用具体的事例写出对人物的情感	9	用具体的事例写出对人物的情感	9-1 写一个人的具体事件，表达自己对他（她）的情感（见材料五）				
		10	在提示下用具体的事例写出对人物的情感	10-1 在提示下写一个人的具体事件，表达自己对他（她）的情感（见材料五）				
	1.6 能根据要求编写想象故事，重点部分写详细	11	根据要求编写想象故事，重点部分写详细	11-1 写一个想象故事（见材料六）				
		12	在提示下根据要求编写想象故事，重点部分写详细	12-1 在提示下写一个想象故事（见材料六）				

（续表）

一级目标	二级目标	评估项目		评估内容/方法	评估记录	评估结果与分析		结论与建议
		序号	项目			得分	分析	
	1.7 能创编生活故事	13	创编生活故事	13-1 创编一个生活故事（见材料七）				
		14	在提示下创编生活故事	14-1 在提示下创编一个生活故事（见材料七）				
2 能常见应用文	2.1 能写倡议书	15	写一份倡议书	15-1 写一份倡议书（见材料八）				
		16	在提示下写一份倡议书	16-1 在提示下写一份倡议书（见材料八）				

语文·六年级
（下册）

编写人员：

钱正慧　唐宁宁　张　琳　彭益珍　王淑琴　赵　莉　顾　静　张　华

学　　校：_____　　年　　级：_____

姓　　名：_____　　出生日期：_____

评估者：_____　　评估时间：_____

评估标准：

3分：独立完成单一知识/技能；或独立完成多重知识/技能100%。

2分：独立完成或在单一支持下完成多重知识/技能60%及以上；或在单一支持下完成单一知识/技能。

1分：独立完成或在多重支持下完成多重知识/技能20%~60%以内；或在多重支持下完成单一知识/技能。

0分：独立完成或在多重支持下完成多重知识/技能20%以下；或在多重支持下无法完成单一知识/技能。

使用指南

一、设计思路

六年级下册语文课程评估手册共分为识字与写字、阅读、口语交际、习作四个领域，每个领域的目标由一级目标和二级目标组成，每个二级目标下设置评估项目。本册共计4个领域、17个一级目标、32个二级目标、55个评估项目。识字与写字领域一级目标4个，二级目标8个，评估项目11项；阅读领域一级目标7个，二级目标12个，评估项目22项；口语交际领域一级目标4个，二级目标5个，评估项目10项；习作领域一级目标2个，二级目标6个，评估项目12项。一级目标来自义务教育语文课程标准，二级目标是结合人民教育出版社六年级下册语文教材对一级目标分解而来。每个二级目标下设计有2~4个评估项目，同一个二级目标下的评估项目是按照由独立到提示或难易度排列。如：识字与写字领域"2.1能书写120个汉字"下，有四个评估项目，"3.听写120个常用汉字"，这是评估学生能否独立听写，能听写多少，能写对多少；"4.仿写120个常用汉字"这是评估学生不能独立听写时，在范字提示下，能抄写多少，能抄对多少；"5.描写120个常用汉字"，这是评估学生不能独立听写和仿写时，能描写多少；"6.用其他的方式写120个常用汉字"，这是评估学生不能握笔书写时，可以用书空、指写等合适的方式书写汉字。每个评估项目后都列出了评估内容/方法，说明评估什么、用什么评估、怎么评估。

二、操作方法

评估时，评估者先从第一个评估项目开始，如果被评估的学生在该评估项目上全部通过，直接跳到下一个二级目标的评估项目1继续评估，依此类推。对通过的项目在评估手册的"评估记录"栏中记录评估结果，如："书写120个常用汉字"，如果学生能全部独立听写，就根据评分标准在"评估结果与分析"得分栏中记3分，分析栏中说明该生已经100%掌握六年级下册120个常用汉字的书写，学习目标已达成，建议该生可以进入下一册常用汉字的学习。如果学生能独立听写72个，正确率60%，记2分；如果学生只能独立听写24个，正确率20%，记1分，分析栏中说明该生未能全部掌握，只能独立听写60%或20%，剩余的40%或80%不能独立听写，建议进行提示再评估。

如果被评估的学生在评估项目1（独立完成项目）没有全部通过，其中没有通过的评估内容就进入评估项目2（提示下完成项目）继续评估。如果在单一提示下完成，属于2分项；如果在两种或两种以上提示下完成，属于1分项；如果在多重提示下仍然无法完成，属于0分项，都在评估材料中标注评估结果。将处于最近发展区的2分项和1分项分别汇总，填写在评估手册的"评估结果与分析"栏中，并做分析。2分项和1分项是学生可接近性学习目标，从中优先选择迫切需要学习的项目，作为下一阶段的学习目标，填写在"结论与建议"中。

三、评估列举

（一）识字与写字领域

1. 二级目标1.1中，"1.按正确坐姿写字"是评估学生是否养成了良好的书写习惯。学生在完成二级目标2.1评估项目时，评估者观察、记录即可。

2. 二级目标2.1中，"3.听写120个常用汉字"，听写内容见材料二中的120个汉字。"6.用其他的方式"是指学生可以用书空、指写等合适的方式书写汉字完成评估。

3. 二级目标3.1中，"7.说出/比划出'行楷'的书写特点"，是评估学生能否说出行楷的书写作品。

4. 二级目标3.2中，"8.能指出'行楷'书写作品"，是评估学生能否辨认出"行楷"书写作品。

5. 二级目标3.3中，"9.抄写'行楷'作品"，是评估学生能否用钢笔仿写"行楷"书写作品。

6. 二级目标4.1是评估学生能否说出"赵体"书法作品特点。

7. 二级目标4.2是评估学生能否用毛笔仿写"赵体"书法作品。

（二）阅读领域

1. 二级目标1.1中，"读准"指发音准确、吐字清晰。"在提示下"指可以通过评估者手指课文内容、范读等方法帮助学生完成评估。

2. 二级目标1.2中，"读通"指不读错字，不丢字、添字，把句子完整、流利地读出来。"在提示下"指可以通过评估者手指课文内容、范读等方法帮助学生完成评估。

3. 二级目标1.3中，"有感情"指正确处理重音、停顿，运用适当的语调、速度和节奏，读时能恰当、自然地流露感情。"在提示下"指可以通过评估者手指课文内容、范读、手势提示、表情提示等方法帮助学生完成评估。

4. 二级目标3.1中，"在提示下"指评估者引导学生说出内容的主次，评估者提示语例：《夹竹桃》第3自然段写了什么花，其他自然段写了什么花？

5. 二级目标6.1中，"在评估者指导下"指评估者引导学生区分分号和句号的不同，评估者提示语例："我特别喜欢月光下的夹竹桃"写的是什么？"你站在它下面，花朵是一团模糊；但是香气却毫不含糊，浓浓烈烈地从花枝上袭了下来。"写的是什么？"花朵是一团模糊"和"香气却毫不含糊"是月光下的夹竹桃给作者的两个不同方面的感受。

6. 二级目标7.1中，"在提示下"指通过评估者背上半句，学生背下半句或者说出古诗意思等方法帮助学生完成评估。

（三）口语交际领域

1. 口语交际领域主要通过日常观察、询问的方式进行评估，如评估者较熟悉学生，可根据学生日常表现直接评分。如不了解，则可根据评估手册、材料进行评估。六年级下册评估材料参照教材，有的去掉交流话题的提示，如材料一《同读一本书》；有的去掉了辩论方法的提示，如材料二《辩论》；还有的去掉了举例，如材料三《即兴发言》。

2. 二级目标1.1和2.1难度上没有太大差异，只是评估侧重点不同，所以评估者可以根据实际情况，机动安排评估顺序，甚至围绕一个交流主题，同步进行评估。

3. 二级目标2.1中，评估"3.交流读书心得时，分辨别人的观点是否有道理，讲的理由是否充分"，评估者要注意，这里有两个关键要求，一个是分辨别人的观点是否有道理；一个是讲的理由是否充分，如果这些要求需要提示或无法达成，评估者在评估记录中要进行记录和分析。

4. 二级目标3.1评估时，建议更多的是利用日常观察，了解学生日常交流中，是否能根据对象和场合，即兴发言。

（四）习作领域

1. 二级目标1.1中，"写自己在节日里参加风俗活动的亲身经历"指能写自己在节日里参加风俗活动的经历，重点描写节日活动现场的情况和自身感受。"在提示下"指评估者通过谈话启发、提供词汇等方法帮助学生完成评估。

2. 二级目标1.2中，"写一件意想不到的事情"指能选择意想不到、印象深刻的事情，把内容写具体，表达自己的真情实感。"在提示下"指评估者通过谈话启发、提供词汇等方法帮助学生完成评估。

3. 二级目标1.3中，"写出自己的梦想"指能选择合适的方式表达出自己的梦想。"在提示下"指评估者通过谈话启发、提供词汇等方法帮助学生完成评估。

4. 二级目标1.4中，"写一个科幻故事"指能展开想象，写出奇特而有令人信服的科幻故事。"在提示下"指评估者通过谈话启发、提供词汇等方法引导学生展开想象创编故事，帮助学生完成评估。

5. 二级目标2.1中，"选择一本书，写作品梗概"指能选择自己喜欢读的一本书，写作品梗概。"在提示下"指评估者通过谈话启发、提供范例或词汇等方法帮助学生完成评估。

6. 二级目标2.2中，"写一份简单的策划书"指能策划庆"六一"联欢活动，写出策划书，做到主题鲜明，分工职责明确、活动流程清楚。"在提示下"指评估者通过谈话启发、提供范例或词汇等方法帮助学生完成评估。

识字与写字领域

姓名：_____ 年级：_____ 评估者：_____ 评估日期：_____

一级目标	二级目标	评估项目		评估内容/方法	评估记录	评估结果与分析		结论与建议
		序号	项目			得分	分析	
1 能按正确姿势写字	1.1 能按正确坐姿写字	1	按正确坐姿写字	日常观察				
	1.2 能按正确握笔姿势写字	2	按正确握笔姿势写字	日常观察				
2 会写120个汉字	2.1 能书写120个汉字	3	听写120个常用汉字	3-1 书写听到的汉字（见材料一）				
		4	仿写120个常用汉字	4-1 仿写汉字（见材料二）				

31

(续表)

一级目标	二级目标	评估项目		评估内容/方法	评估记录	评估结果与分析		结论与建议
		序号	项目			得分	分析	
		5	描写120个常用汉字	5-1 描写汉字（见材料三）				
		6	用其它的方式写120个常用汉字	选用合适的方式写出汉字				
3 能说出/比划出"行楷"的书写特点，并辨认、临摹	3.1 能说出/比划出"行楷"的书写特点	7	说出/比划出"行楷"的书写特点	7-1 说出/比划出"行楷"的书写特点（见材料四）				
	3.2 能辨认"行楷"书写作品	8	能指出"行楷"书写作品	8-1 指出"行楷"书写作品（见材料五）				

（续表）

一级目标	二级目标	评估项目		评估内容/方法	评估记录	评估结果与分析		结论与建议
		序号	项目			得分	分析	
4 能欣赏并用毛笔书写"赵体"楷书作品	3.3 能临摹"行楷"书写作品	9	抄写"行楷"作品	9-1 抄写"行楷"书写作品（见材料六）				
	4.1 欣赏"赵体"书法作品，能说出/比划出作品特点	10	说出/比划出"赵体"书法作品特点	10-1 说出/比划出"赵体"书法作品特点（见材料七）				
	4.2 能用毛笔临摹"赵体"书法作品	11	用毛笔临摹"赵体"书法作品	11-1 用毛笔在毛边纸或宣纸上临摹"赵体"书法作品（见材料七）				

阅读领域

姓名：_____ 年级：_____ 评估者：_____ 评估日期：_____

<table>
<tr><th colspan="3">评估项目</th><th rowspan="2">评估内容</th><th rowspan="2">评估记录</th><th colspan="2">评估结果与分析</th><th rowspan="2">结论与建议</th></tr>
<tr><th>一级目标</th><th>二级目标</th><th>序号</th><th>得分</th><th>分析</th></tr>
<tr><td rowspan="4">1 能用普通话正确、流利、有感情地朗读课文</td><td rowspan="2">1.1 能读准字音</td><td>1</td><td>正确地朗读文章</td><td>1-1 朗读文章《三打白骨精》第3自然段、《夹竹桃》第5自然段（见材料一）</td><td></td><td></td><td></td></tr>
<tr><td>2</td><td>在提示下正确地朗读文章</td><td>2-1 在评估者指导下，朗读文章《三打白骨精》第3自然段、《夹竹桃》第5自然段（见材料一）</td><td></td><td></td><td></td></tr>
<tr><td rowspan="2">1.2 能读通课文</td><td>3</td><td>通顺地朗读文章</td><td>3-1 朗读文章《三打白骨精》第3自然段、《夹竹桃》第5自然段（见材料一）</td><td></td><td></td><td></td></tr>
<tr><td>4</td><td>在提示下通顺地朗读文章</td><td>4-1 在评估者指导下，朗读文章《三打白骨精》第3自然段、《夹竹桃》第5自然段（见材料一）</td><td></td><td></td><td></td></tr>
</table>

（续表）

一级目标	二级目标	评估项目		评估内容	评估记录	评估结果与分析		结论与建议
		序号	项目			得分	分析	
	1.3 能有感情地朗读课文	5	有感情地朗读文章	5-1 朗读文章《三打白骨精》第3自然段，《夹竹桃》第5自然段（见材料一）				
		6	在提示下有感情地朗读文章	6-1 在评估者指导下，朗读文章《三打白骨精》第3自然段，《夹竹桃》第5自然段（见材料一）				
2 能有一定速度地默读，每分钟不少于300字	2.1 能有一定速度地默读，每分钟不少于300字	7	有一定速度地默读，每分钟不少于300字	7-1 有一定速度地默读，每分钟不少于300字（见材料二）				
	2.2 能有一定速度地默读，每分钟200~300字	8	有一定速度地默读，每分钟200~300字	8-1 有一定速度地默读，每分钟200~300字（见材料二）				

（续表）

一级目标	二级目标	评估项目		评估记录	评估结果与分析		结论与建议
		序号	项目		得分	分析	
3 能初步领悟文章的基本表达方法	3.1 能说出/比划出内容的主次	9	说出/比划出内容的主次	9-1 说出/比划出《夹竹桃》内容的主次（见材料三）			
		10	在提示下说出/比划出内容的主次	10-1 在提示下说出/比划出《夹竹桃》内容的主次（见材料三）			
	3.2 能说出/比划出作者是如何详写主要部分的	11	说出/比划出作者是如何详写主要部分的	11-1 说出/比划出《夹竹桃》是如何详写主要部分的（见材料三）			
		12	在提示下说出/比划出作者是如何详写主要部分的	12-1 在提示下说出/比划出《夹竹桃》是如何详写主要部分的（见材料三）			

（续表）

一级目标	二级目标	评估项目		评估内容	评估记录	评估结果与分析		结论与建议
		序号	项目			得分	分析	
4 能了解文章中事件梗概，简单描述自己印象最深的场景、人物、细节，说出自己的喜爱、憎恶、崇敬、向往、同情等感受	4.1 能说出/比划出文章中事件梗概	13	说出/比划出文章中事件梗概	13-1 说出/比划出《三打白骨精》的事件梗概（见材料二）				
		14	在提示下说出/比划出文章中事件梗概	14-1 在提示下说出/比划出《三打白骨精》的事件梗概（见材料二）				
	4.2 能说出/比划出自己对印象深刻的人物和情节的感受	15	说出/比划出自己对印象深刻的人物和情节的感受	15-1 读《三打白骨精》，说出/比划出自己对印象深刻的人物和情节的感受（见材料二）				
		16	在提示下说出/比划出自己对印象深刻的人物和情节的感受	16-1 读《三打白骨精》，在提示下，说出/比划出自己对印象深刻的人物和情节的感受（见材料二）				

（续表）

一级目标	二级目标	评估项目 序号	评估项目 项目	评估内容	评估记录	评估结果与分析 得分	评估结果与分析 分析	结论与建议
5 能在阅读说明性文章时,了解文章的基本说明方法	5.1 能说出/比划出文章如何用具体事例说明观点	17	说出/比划出文章如何用具体事例说明观点	17-1 说出/比划出《三打白骨精》如何用具体事例说明观点（见材料二）				
		18	在提示下说出/比划出文章如何用具体事例说明观点	18-1 在提示下说出/比划出《三打白骨精》如何用具体事例说明观点（见材料二）				
6 能体会分号和句号的不同用法	6.1 能区分分号和句号的不同用法	19	区分分号和句号的不同用法	19-1 给句子填上合适的标点符号（见材料三）				
		20	在提示下区分分号和句号的不同用法	20-1 在提示下,给句子填上合适的标点符号（见材料三）				

（续表）

一级目标	二级目标	评估项目		评估内容	评估记录	评估结果与分析		结论与建议
		序号	项目			得分	分析	
7 能诵读优秀诗文	7.1 能背诵优秀诗文17首	21	背诵所学的优秀诗文17首	21-1 背诵《寒食》《迢迢牵牛星》《十五夜望月》《长歌行》《马诗》《石灰吟》《竹石》《采薇》《送元二使安西》《春夜喜雨》《早春呈水部张十八员外》《江上渔者》《泊船瓜洲》《游园不值》《卜算子·送鲍浩然之浙东》《浣溪沙》《清平乐》（见材料四）				
		22	在提示下背诵所学的优秀诗文17首	22-1 在评估者指导下，背诵《寒食》《迢迢牵牛星》《十五夜望月》《长歌行》《马诗》《石灰吟》《竹石》《采薇》《送元二使安西》《春夜喜雨》《早春呈水部张十八员外》《江上渔者》《泊船瓜洲》《游园不值》《卜算子·送鲍浩然之浙东》《浣溪沙》《清平乐》（见材料四）				

口语交际领域

姓名：　　　　　　　年级：　　　　　　　评估者：　　　　　　　评估日期：

一级目标	二级目标	评估项目		评估内容/方法	评估记录	评估结果与分析		结论与建议
		序号	项目			得分	分析	
1 参与讨论时，能敢于发表自己的意见，说清自己的观点	1.1 参与讨论时，能引用原文说明观点，使观点更有说服力	1	交流读书心得时，引用原文说明观点，使观点更有说服力	1-1 日常观察、询问或见材料一				
		2	交流读书心得时，在提示下引用原文说明观点，使观点更有说服力	2-1 日常观察、询问或见材料一				
2 听人说话时，能认真、耐心	2.1 听人说话时，能分辨别人的观点是否有道理，讲的理由是否充分	3	交流读书心得时，分辨别人的观点是否有道理，讲的理由是否充分	3-1 日常观察、询问或见材料一				
		4	交流读书心得时，在提示下分辨别人的观点是否有道理，讲的理由是否充分	4-1 日常观察、询问或见材料一				

（续表）

一级目标	二级目标	评估项目		评估内容/方法	评估记录	评估结果与分析		结论与建议
		序号	项目			得分	分析	
	2.2 听人说话时，能听出别人讲话中的矛盾或漏洞	5	辩论时，听出别人讲话中的矛盾或漏洞	5-1 日常观察，询问或见材料二				
		6	辩论时，在提示下听出别人讲话中的矛盾或漏洞	6-1 日常观察，询问或见材料二				
3 能根据对象和场合，做稍简单的发言	3.1 能根据对象和场合，提前打腹稿，想清楚先说什么，后说什么	7	即兴发言时，根据对象和场合，提前打腹稿，想清楚先说什么，后说什么，重点说什么	7-1 日常观察，询问或见材料三				
		8	即兴发言时，在提示下根据对象和场合，提前打腹稿，想清楚先说什么，后说什么，重点说什么	8-1 日常观察，询问或见材料三				

（续表）

一级目标	二级目标	评估项目		评估内容/方法	评估记录	评估结果与分析		结论与建议
		序号	项目			得分	分析	
4 能注意语言美，抵制不文明的语言	4.1 能抓住别人讲话的漏洞进行反驳，注意用语文明	9	辩论时，抓住别人讲话的漏洞进行反驳，注意用语文明	9-1 日常观察，询问或见材料二				
		10	辩论时，在提示下抓住别人讲话的漏洞进行反驳，注意用语文明	10-1 日常观察，询问或见材料二				

习作领域

姓名：_____ 年级：_____ 评估者：_____ 评估日期：_____

一级目标	二级目标	评估项目 序号	评估项目 项目	评估内容/方法	评估记录	评估结果与分析 得分	评估结果与分析 分析	结论与建议
1 能留心观察周围事物，丰富见闻，积累素材，写简单的记实作文和想象作文，内容具体，感情真实，分段表述	1.1 能抓住重点介绍一种传统文化，写出特点	1	抓住重点介绍一种传统文化，写出特点	1-1 写自己在节日里参加风俗活动的亲身经历（见材料一）				
		2	在提示下抓住重点介绍一种传统文化，写出特点	2-1 在提示下写自己在节日里参加风俗活动的亲身经历（见材料一）				
	1.2 能选择合适的事例表达自己的真情实感	3	选择合适的事例真实地表达自己的情感	3-1 写一件意想不到的事情（见材料二）				
		4	在提示下选择合适的事例真实地表达自己的情感	4-1 在提示下写一件意想不到的事情（见材料二）				

43

（续表）

一级目标	二级目标	评估项目		评估内容/方法	评估记录	评估结果与分析		结论与建议
		序号	项目			得分	分析	
	1.3 能选择合适的方式写出自己内心的希望	5	选择合适的方式编写出自己内心的希望	5-1 写出自己的梦想（见材料三）				
		6	在提示下能选择合适的方式写出自己内心的希望	6-1 在提示下写出自己的梦想（见材料三）				
	1.4 能编写科幻故事	7	编写一个科幻故事	7-1 写一个科幻故事（见材料四）				
		8	在提示下编写一个科幻故事	8-1 在提示下写一个科幻故事（见材料四）				

（续表）

一级目标	二级目标	评估项目		评估内容/方法	评估记录	评估结果与分析		结论与建议
		序号	项目			得分	分析	
2 能写读书笔记和常见应用文	2.1 能写作品梗概	9	写出作品梗概	9-1 选择一本书，写作品梗概（见材料五）				
		10	在提示下写出作品梗概	10-1 在提示下选择一本书，写作品梗概（见材料五）				
	2.2 能写简单的策划书	11	写一份简单的策划书	11-1 写一份简单的策划书（见材料六）				
		12	在提示下写一份简单的策划书	12-1 在提示下写一份简单的策划书（见材料六）				

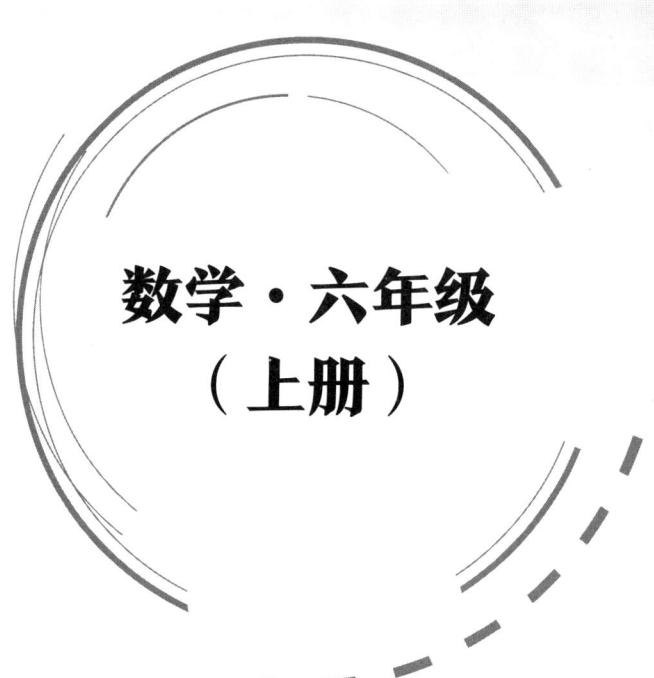

数学·六年级
（上册）

编写人员：

芮代琴　刘加芳　翁丽丽　宋晓杰　刘　婷　李月月
赵　敏　茅　成　吴振兰

学　校：_____　　年　级：_____
姓　名：_____　　出生日期：_____
评估者：_____　　评估时间：_____

评估标准：

　　3分：独立完成单一知识/技能；或独立完成多重知识/技能100%。

　　2分：独立完成或在单一支持下完成多重知识/技能60%及以上；或在单一支持下完成单一知识/技能。

　　1分：独立完成或在多重支持下完成多重知识/技能20%~60%以内；或在多重支持下完成单一知识/技能。

　　0分：独立完成或在多重支持下完成多重知识/技能20%以下；或在多重支持下无法完成单一知识/技能。

使用指南

一、设计思路

六年级上册数学课程评估手册一共分为数与代数、图形与几何两个领域，每个领域的目标由一级目标、二级目标和三级目标组成。数与代数领域一级目标3个，二级目标11个，三级目标24个，评估项目48项；图形与几何领域一级目标1个，二级目标6个，三级目标14个，评估项目28项。一级目标、二级目标均来自第二学段（4~6年级）义务教育数学课程标准，三级目标是结合现行六年级上册数学教材对二级目标分解而来。每个三级目标下设计有2个评估项目，同一个三级目标下的评估项目是按照由独立到提示或按难易度排列。

例如：数与代数领域中，三级目标"1.2.1能正确地进行百分数与小数的相互改写"对应两个评估项目，"1.把百分数与小数相互改写"，这是评估学生能否正确将百分数与小数进行相互改写；"2.在提示下把百分数与小数相互改写"，这是评估学生不能独立将百分数与小数进行相互改写时，在评估者给予语言、动作或范例等提示下，能否完成试题。每个评估项目后都列出了相对应的评估内容/方法，说明评估什么、用什么评估、怎么评估。

二、操作方法

评估时，评估者先从第一个评估项目开始，如果被评估学生在该评估项目上全部通过，则直接跳到下一个三级目标的评估项目"1"继续评估，依次类推。对通过的项目在评估手册的"评估记录"栏中记录评估结果，例如："把百分数与小数相互改写"的项目，评估材料中是两道题型10个题目，如果学生能独立完成10个题目，根据评分标准在得分栏中记3分，在"评估结果与分析"栏中说明该生已经学会百分数与小数相互改写的方法，学习目标已达成，这也是该生的现有能力水平，建议该生可以进入后面关联知识的学习。

如果被评估的学生在评估项目1（独立完成项目）中的题目没有全部通过，就进入评估项目2（提示下完成项目）继续评估未通过的评估内容。如果独立或在单一提示下完成多重知识的60%及以上记2分；如果独立或在多重提示下完成多重知识的20%~60%，记1分；如果独立或在多重提示下完成多重知识的20%以下，记为0分，并在评估材料中标注没有通过的评估题目。评估者将处于所有的2分项和1分项分别汇总，填写在评估手册的"评估结果与分析"栏中，并做分析，这是学生的可接近性学习目标，从中优先选择迫切需要学习的项目，作为下一阶段的学习目标，填写在"结论与建议"中。

三、评估例举

（一）数与代数

1. 三级目标1.1.1中，"在提示下"是指评估者通过语言或动作等提示方式，如语言提示：$\frac{5}{100}$，$\frac{7}{100}$是什么数呢？是分母都是多少的分数呢？也叫什么数呢？它还有另外两个名称，又是什么呢？$\frac{3}{10}$的分数单位是$\frac{1}{10}$，百分数的分数单位是什么呢？某班男生人数占全班人数的$\frac{78}{100}$，表示把全班人数看作单位1，平均分成100份，男生人数占其中的78份，$\frac{78}{100}$就是78%，想一想，78%的含义是什么呢？教师协助读题，帮助学生完成评估。

2. 三级目标1.1.2中，"在提示下"是指评估者通过语言或动作等提示方式，如语言提示：13%读作百分之十三，24%怎么读呢？百分之四十五写作什么呢？四十五写作45，"百分之"用"%"表示，他们合起来怎么写呢？教师用笔指着提示读写的顺序，帮助学生完成评估。

3. 三级目标1.2.1中，"在提示下"是指评估者通过语言或动作等提示方式，如语言提示：0.35改写成百分数的方法是什么呢？0.35的小数点向右移动两位是35，在35的后面添加%，是35%；76%改写成小数的方法是什么呢？76的小数点向左移动两位是0.76，去掉%，教师边说边写出改写过程，帮助学生完成评估。

4. 三级目标1.2.2中，"在提示下"是指评估者通过语言或动作等提示方式，如语言提示：$\frac{3}{4}$改写成百分数的方法是什么呢？先把$\frac{3}{4}$写成除法算式是3÷4，再算出商是0.75，最后0.75的小数点向右移动两位是75，添加"%"就写作75%；56%改写成分数的方法是什么呢？56%是分母是100的分数，它的分子是多少？写完后要注意化成最简分数，教师边说边写出改写过程，帮助学生完成评估。

5. 三级目标2.1.1中，"在提示下"指评估者通过语言或动作等提示方式，如语言提示：$\frac{3}{5}$和$\frac{5}{3}$相乘等于多少？我们说乘积是1的两个数互为什么？引导学生说出"倒数"；求一个分数的倒数就是把分子和分母交换位置，求一个整数的倒数就是把这个整数看成分母为1的整数，然后按照求分数的倒数方法即可，帮助学生完成评估。

6. 三级目标2.1.2中，"在提示下"指评估者通过语言或动作等提示方式，如语言提示：分数乘整数时，用分数的分子和整数相乘的积做分子，分母不变，能约分的先约分，帮助学生完成评估。

7. 三级目标2.1.3中，"在提示下"指评估者通过语言或动作等提示方式，如语言提示：分数乘分数时，分子与分子相乘，分母与分母相乘，能约分的先约分，帮助学生完成评估。

8. 三级目标2.1.4中，"在提示下"指评估者通过语言或动作等提示方式，如语言提示：多个分数相乘时，先约分再计算，帮助学生完成评估。

9. 三级目标2.1.5、2.1.6、2.1.7中，"在提示下"指评估者通过语言或动作等提示方式，如语言提示：除以一个0以外的数等于乘这个数的倒数，帮助学生完成评估。

10. 三级目标2.1.8中，"在提示下"指评估者通过语言或动作等提示方式，如语言提示：在分数连除或者乘除混合运算中，把它们全部转化成乘法再计算，能约分的约分，帮助学生完成评估。

11. 三级目标2.2.1和2.3.1共同使用一份材料，如果学生能正确计算材料中的所有题目，则2.3.1可直接跳过评估。"在提示下"指评估者通过语言或动作等提示方式，如语言提示：分数四则混合运算和整数四则混合运算一样吗？先算什么，再算什么，有括号时先算什么，帮助学生完成评估。

12. 三级目标3.1.1中，"在提示下"指评估者通过语言或动作等提示方式，如语言提示：你能找到这道题目中的单位"1"是什么？求这瓶可乐的$\frac{1}{4}$可以用乘法，边说边圈出关键信息，帮助学生完成评估。

13. 三级目标3.1.2中，"在提示下"指评估者通过语言或动作等提示方式，如语言提示：你能找到这道题目中的单位1是什么？这道题的数量关系是：五年级植树量=六年级植树量$\times \frac{4}{5}$，那要求六年级植树多少棵，我们可以怎么列式计算呢？边说边圈出关键信息，帮助学生完成评估。

14. 三级目标3.1.3中，"在提示下"指评估者通过语言或动作等提示方式，如语言提示：要求牡丹比月季少多少棵，要先算出月季有多少株，那怎么计算月季有多少株呢？先找到这道题中的单位1是什么？这道题的数量关系是：牡丹的株数$\times \frac{7}{6}$=月季的株数，帮助学生完成评估。

15. 三级目标3.2.1中，"在提示下"指评估者通过语言或动作等提示方式，如语言提示："："是比号，在它前面的是比的什么项，引导学生说出"前项"，在它后面的是比的什么项，引导学生说出"后项"，帮助学生完成评估。

16. 三级目标3.3.1中，"在提示下"指评估者通过语言或动作等提示方式，如语言提示：要求长方形面积就要知道长和宽分别是多少，请圈出题目中的已知条件，你得到哪些信息？我们根据长方形周长公式C=（a+b）×2，用周长除以2求出长和宽的和，根据长和宽的比是3：2，利用按比例分配的方法求出长和宽，再计算出长方形的面积，帮助学生完成评估。

17. 三级目标3.4.1中，"在提示下"是指评估者通过语言或动作等提示方式，如语言提示：10%的车辆购置税是什么意思呢？车辆购置税就是把家用轿车的总价看作单位"1"，把单位"1"平均分成100份，购置税占其中的10份；利率是2.25%的意思是什么呢？钱存入银行会获得利息，利率就是利息占什么的2.25%？帮助学生完成评估。

18. 三级目标3.4.2中，"在提示下"是指评估者通过语言或动作等提示方式，如语言提示：把什么看作单位"1"呢？教师圈出题中的关键词并提示数量关系，帮助学生完成评估。

19. 三级目标3.4.3中，"在提示下"是指评估者通过语言或动作等提示方式，如语言提示：第1题的数量关系是，这根绳子的长度×25%+这根绳子的长度×35%=6；第2题的数量关系是，杨树棵数×60%=12；第3题的数量关系是，这批大米的质量$\times \frac{3}{4}$=600；第4题的数量关系是，原来的售价×（1-$\frac{3}{8}$）=180，帮助学生完成评估。

20. 三级目标3.5.1和3.6.1中，"在提示下"指评估者通过语言描述、画图等提示方式，如语言提示：18元是哪两个数量之间相加的和，1支钢笔可以看成几本练习本？帮助学生完成评估。

（二）图形与几何

1. 三级目标1.1.1中，"在提示下"是指评估者通过语言或动作等提示方式，如动作提示：指着图中长方体或者实物说一说，数一数，帮助学生完成评估。

2. 三级目标1.1.2中，"在提示下"是指评估者通过语言或动作等提示方式，如动作提示：指着图中正方体或者实物说一说，数一数，帮助学生完成评估。

3. 三级目标1.1.3中，"在提示下"是指评估者通过语言或动作等提示方式，如语言提示：每个长方体和正方体的各个面分别是什么样的图形？再在展开图中找一找，帮助学生完成评估。

4. 三级目标1.2.1中，"在提示下"是指评估者通过语言或动作等提示方式，如动作提示：将两个一样大的杯子装满水，然后准备大、小两块石子分别放入两个杯里，问学生哪杯溢出的水多？提示学生观察，帮助学生完成评估。

5. 三级目标1.2.2中，"在提示下"是指评估者通过语言或动作等提示方式，如语言提示：

请问两个箱子的体积表示什么？容积呢？提示学生观察，帮助学生完成评估。

6. 三级目标1.3.1中，"在提示下"是指评估者通过语言或动作等提示方式，如语言提示：橡皮的体积可以是6立方分米吗？应该用什么单位合适？帮助学生完成评估。

7. 三级目标1.3.2和1.3.3中，"在提示下"是指评估者通过语言或动作等提示方式，如语言提示：你能说说1立方米、1立方分米、1立方厘米及1立方毫米之间的进率吗，帮助学生完成评估。

8. 三级目标1.4.1、1.4.2、1.4.3和1.4.4中，"在提示下"是指评估者通过语言或动作等提示方式，如语言提示：说出长方体和正方体表面积和体积的计算公式，边说边结合图形算一算，帮助学生完成评估。

9. 三级目标1.5.1中，"在提示下"是指评估者通过语言或动作等提示方式，如语言提示：花坛所占的空间实际上就是求这个长方体的体积，再结合图，帮助学生完成评估。

10. 三级目标1.6.1中，"在提示下"是指评估者通过语言或动作等提示方式，如动作提示：结合正方体实物指一指，数一数，提示学生观察，帮助学生完成评估。

数与代数领域

姓名： 年级： 评估者： 评估日期：

一级目标	二级目标	三级目标	评估项目		评估记录	评估结果与分析		结论与建议
			序号	评估内容/方法		得分	分析	
1 能认识百分数	1.1 能结合具体情境理解百分数的意义	1.1.1 能结合具体情境说出/比划出百分数的含义	1	结合具体情境，说出/比划出百分数的含义	1-1 填一填（见材料一）			
			2	在提示下，结合具体情境，说出/比划出百分数的含义	2-1 填一填（见材料一）（语言/动作等提示）			
		1.1.2 能正确地读、写百分数	3	读、写百分数	3-1 填一填（见材料二）			
			4	在提示下，读、写百分数	4-1 填一填（见材料二）（语言/动作等提示）			

（续表）

一级目标	二级目标	三级目标	评估项目		评估内容/方法	评估记录	评估结果与分析		结论与建议
			序号	项目			得分	分析	
	1.2 能进行小数和百分数的转化（不包括将循环小数化为分数）	1.2.1 能正确地进行小数与百分数的改写	5	把百分数与小数相互改写	5-1 把下面的小数改写成百分数（见材料三）				
					5-2 把下面的百分数改写成小数（见材料三）				
			6	在提示下，把百分数与小数相互改写	6-1 把下面的小数改写成百分数（见材料三）				
					6-2 把下面的百分数改写成小数（见材料三）（语言/动作等提示）				

（续表）

一级目标	二级目标	三级目标	评估项目		评估内容/方法	评估记录	评估结果与分析		结论与建议
			序号	项目			得分	分析	
		1.2.2 能正确地进行百分数与分数的相互改写	7	百分数与分数的相互改写	7-1 把下面的分数改写成百分数（除不尽的保留三位小数）（见材料四）				
					7-2 把下面的百分数改写成分数（见材料四）				
			8	在提示下，相互改写百分数与分数	8-1 把下面的分数改写成百分数（除不尽的保留三位小数）（见材料四）				
					8-2 把下面的百分数改写成分数（见材料四）（语言/动作等提示）				

（续表）

一级目标	二级目标	三级目标	评估项目		评估内容/方法	评估记录	评估结果与分析		结论与建议
			序号	项目			得分	分析	
2 能运算分数	2.1 能进行简单的分数乘法、除法运算，并说明运算过程	2.1.1 能说出/比划出倒数的意义和求倒数的方法	9	结合例子说出/比划出倒数的意义和求倒数的方法	9-1 说一说/填一填（见材料五）				
			10	在提示下，结合例子说出/比划出倒数的意义和求倒数的方法	10-1 说一说/填一填（见材料五）（语言/动作等提示）				
		2.1.2 能正确计算分数与整数相乘的题目，说出/比划出计算方法	11	正确计算分数与整数相乘的题目	11-1 直接写出得数，带*的说计算方法（见材料六）				
			12	在提示下计算分数与整数相乘的题目	12-1 直接写出得数，带*的说计算方法（见材料六）				

（续表）

一级目标	二级目标	三级目标	评估项目		评估内容/方法	评估记录	评估结果与分析		结论与建议
			序号	项目			得分	分析	
		2.1.3 能正确计算分数相乘的题目，说出/比划出计算方法	13	正确计算分数与分数相乘的题目	13-1 直接写出得数，带*的说计算方法（见材料七）				
			14	在提示下，正确计算分数与分数相乘的题目	14-1 直接写出得数，带*的说计算方法（见材料七）				
		2.1.4 能正确计算分数连乘的题目	15	正确计算分数连乘的题目	15-1 计算（见材料八）				
			16	在提示下，计算分数连乘的题目	16-1 计算（见材料八）（语言/动作等提示）				

（续表）

一级目标	二级目标	三级目标	评估项目		评估内容/方法	评估记录	评估结果与分析		结论与建议
			序号	项目			得分	分析	
		2.1.5 能正确计算分数除以整数的题目，说出/比划出计算方法	17	正确计算分数除以整数的题目	17-1 计算，说一说带*算式的计算方法（见材料九）				
					17-2 解方程（见材料九）				
			18	在提示下，计算分数除以整数的题目	18-1 计算，说一说带*算式的计算方法（见材料九）				
					18-2 解方程（见材料九）（语言/动作等提示）				

（续表）

一级目标	二级目标	三级目标	序号	项目	评估内容/方法	评估记录	评估结果与分析		结论与建议
							得分	分析	
		2.1.6 能正确计算整数除以分数的题目，说出/比划出计算方法	19	正确计算整数除以分数的题目	19-1 计算，说一说带*算式计算方法（见材料十）				
					19-2 解方程（见材料十）				
			20	在提示下，计算整数除以分数的题目	20-1 计算，说一说带*算式计算方法（见材料十）				
					20-2 解方程（见材料十）（语言/动作等提示）				

(续表)

一级目标	二级目标	三级目标	评估项目		评估内容/方法	评估记录	评估结果与分析		结论与建议
			序号	项目			得分	分析	
		2.1.7 能正确计算分数除以分数的题目，说出/比划出计算方法	21	正确计算分数除以分数的题目	21-1 计算，说一说带算式计算方法（见材料十一）				
					21-2 解方程（见材料十一）				
			22	在提示下，计算分数除以分数的题目	22-1 计算，说一说带算式计算方法（见材料十一）				
					22-2 解方程（见材料十一）（语言/动作等提示）				

（续表）

一级目标	二级目标	三级目标	评估项目		评估内容/方法	评估记录	评估结果与分析		结论与建议
			序号	项目			得分	分析	
		2.1.8 能正确计算分数连除和乘除混合的题目，说出/比划出计算方法	23	正确计算分数连除和乘除混合的题目	23-1 计算，说一说带*算式计算方法（见材料十二）				
			24	在提示下计算分数连除和乘除混合的题目	24-1 计算，说一说带*算式计算方法（见材料十二）（语言/动作等提示）				
	2.2 能进行简单的分数四则混合运算，并说明运算过程	2.2.1 能正确计算分数四则混合运算的题目，说出/比划出运算顺序	25	正确计算分数四则混合运算的题目	25-1 先说出运算顺序再计算，能简便计算的简便计算（见材料十三）				
			26	在提示下，计算分数四则混合运算的题目	26-1 先说出运算顺序再计算，能简便计算的简便计算（见材料十三）（语言/动作等提示）				

（续表）

一级目标	二级目标	三级目标	评估项目		评估内容/方法	评估记录	评估结果与分析		结论与建议
			序号	项目			得分	分析	
	2.3 能感悟分数与整数的运算的一致性	2.3.1 能说出/比划出分数四则混合运算与整数四则混合运算的一致性	27	说出/比划出分数四则混合运算与整数四则混合运算的相同点	27-1 说一说分数四则运算与整数四则运算混合运算的相同点（见材料十三）				
			28	在提示下，说出/比划出分数四则混合运算与整数四则混合运算的相同点	28-1 说一说分数四则混合运算与整数四则运算混合运算的相同点（见材料十三）（语言/动作等提示）				
3 能认识数量之间的关系	3.1 能在较复杂的情境中，选择恰当的运算方法解决问题	3.1.1 能用分数乘法解决实际问题	29	用分数乘法解决实际问题	29-1 先说出题目中的数量关系，再列式计算（见材料十四）				
			30	在提示下，用分数乘法解决实际问题	30-1 先说出题目中的数量关系，再列式计算（见材料十四）（语言/动作等提示）				

（续表）

一级目标	二级目标	三级目标	评估项目		评估内容/方法	评估记录	评估结果与分析		结论与建议
			序号	项目			得分	分析	
		3.1.2 能用分数除法解决实际问题	31	用分数除法解决实际问题	31-1 先分析数量关系，再列方程解答（见材料十五）				
			32	用分数除法解决实际问题	32-1 先分析数量关系，再列方程解答（见材料十五）（语言/动作等提示）				
		3.1.3 能用分数四则混合运算解决实际问题	33	用分数四则混合运算解决实际问题	33-1 先分析数量关系，再列式计算（见材料十六）				
			34	用分数四则混合运算解决实际问题	34-1 先分析数量关系，再列式计算（见材料十六）（语言/动作等提示）				

(续表)

一级目标	二级目标	三级目标	评估项目		评估内容/方法	评估记录	评估结果与分析		结论与建议
			序号	项目			得分	分析	
	3.2 能在具体情境中判断两个量的比,会计算比值,理解比值相同的量	3.2.1 能在具体情境中说出比的意义和基本性质,会计算比值和化简比	35	结合具体情境说出/比划出比的意义和基本性质,会计算比值和化简比	35-1 说一说/填一填（见材料十七）				
					35-2 化简下列各比（见材料十七）				
			36	在提示下,结合具体情境说出/比划出比的意义和基本性质,会计算比值和化简比	36-1 说一说/填一填（见材料十七）				
					36-2 化简下列各比（见材料十七）（语言/动作等提示）				

（续表）

一级目标	二级目标	三级目标	评估项目		评估内容/方法	评估记录	评估结果与分析		结论与建议
			序号	项目			得分	分析	
	3.3 能解决按比例分配的简单问题	3.3.1 能灵活运用比的知识解决一些简单实际问题	37	用比的知识解决一些简单实际问题	37-1 根据题意，列式解答（见材料十八）				
			38	在提示下，用比的知识解决一些简单实际问题	38-1 根据题意，列式解答（见材料十八）（语言/动作等提示）				
	3.4 能用百分数解答简单的实际问题	3.4.1 能结合具体情境，说出比划率、利率、折扣的含义	39	结合具体情境，比划出分数的税率、利率、折扣的含义	39-1 填一填（见材料十九）				
			40	在提示下，结合具体情境，说出比划出分数的税率、利率、折扣的含义	40-1 填一填（见材料十九）（语言/动作等提示）				

（续表）

一级目标	二级目标	三级目标	评估项目		评估内容/方法	评估记录	评估结果与分析		结论与建议
			序号	项目			得分	分析	
		3.4.2 能结合具体情境解决有关百分率、利率、税、折扣的实际问题	41	结合具体情境，用百分率、税率、利率、折扣解答简单的实际问题	41-1 解决实际问题（见材料二十）				
			42	在提示下，结合具体情境，用百分率、税率、利率、折扣解答简单的实际问题	42-1 解决实际问题（见材料二十）（语言/动作等提示）				
		3.4.3 能列方程解答稍复杂的分数、百分数除法实际问题	43	列方程解答稍复杂的分数、百分数除法的实际问题	43-1 列方程解决实际问题（见材料二十一）				
			44	在提示下，列方程解答稍复杂的分数、百分数除法的实际问题	44-1 列方程解决实际问题（见材料二十一）（语言/动作等提示）				

（续表）

一级目标	二级目标	三级目标	评估项目		评估内容/方法	评估记录	评估结果与分析		结论与建议
			序号	项目			得分	分析	
	3.5 能用假设的策略分析实际问题的数量关系	3.5.1 能用假设的策略简单分析含有两个未知数的数量关系	45	根据具体情境，用假设的策略分析简单的含有两个未知数的数量关系	45-1 先填空，再解答（见材料二十二）				
			46	在提示下，根据具体情境，用假设的策略分析简单的含有两个未知数的数量关系	46-1 先填空，再解答（见材料二十二）（语言/动作等提示）				
	3.6 能用假设的策略解决实际问题	3.6.1 能用假设的策略简单解答含有两个未知数的实际问题	47	根据具体情境，用假设的策略解答简单的含有两个未知数的实际问题	17-1 先填空，再解答（见材料二十二）				
			48	在提示下，根据具体情境，用假设的策略解答简单的含有两个未知数的实际问题	18-1 先填空，再解答（见材料二十二）（语言/动作等提示）				

图形与几何领域

姓名：_____ 年级：_____ 评估者：_____ 评估日期：_____

一级目标	二级目标	三级目标	评估项目		评估内容/方法	评估记录	评估结果与分析		结论与建议
			序号	项目			得分	分析	
1 图形的认识	1.1 能说出长方体和正方体的基本特征，了解长方体和正方体的展开图	1.1.1 能说出/比划出长方体的基本特征	1	结合实例，说出/指出长方体的基本特征	1-1 回答问题（见材料一）				
			2	在提示下，结合实例说出/指出长方体的基本特征	2-1 回答问题（见材料一）（语言/动作提示）				
		1.1.2 能说出/比划出正方体的基本特征	3	结合实物图，说出/指出正方体的基本特征	3-1 回答问题（见材料二）				
			4	在提示下，结合实物图，说出/指出正方体特征	4-1 回答问题（见材料二）（语言/动作提示）				

（续表）

一级目标	二级目标	三级目标	评估项目		评估内容/方法	评估记录	评估结果与分析		结论与建议
			序号	项目			得分	分析	
		1.1.3 能说出/比划出长方体和正方体的展开图	5	结合图例，说出/指出长方体和正方体的展开图	5-1 看一看，连一连（见材料三）				
			6	在提示下，结合图例，说出/指出长方体和正方体的展开图	6-1 看一看，连一连（语言/动作提示）				
	1.2 通过实例了解体积（或容积）的意义	1.2.1 能说出/比划出体积和容积的意义	7	结合图例，说出/比划出体积和容积的意义	7-1 填空（见材料四）				
			8	在提示下，结合图例，说出/比划出体积和容积的意义	8-1 填空（见材料四）（语言/动作提示）				

（续表）

一级目标	二级目标	三级目标	评估项目		评估内容/方法	评估记录	评估结果与分析		结论与建议
			序号	项目			得分	分析	
		1.2.2 能说出/比划出体积和容积的联系和区别	9	结合图例，说出/比划出体积和容积的联系和区别	9-1 回答问题（见材料五）				
			10	在提示下，结合图例，说出体积和容积的联系和区别	10-1 回答问题（见材料五）（语言/动作提示）				
	1.3 知道立方厘米、立方分米、立方米等常用体积(容积)单位的含义，理解并掌握常用体积(容积)单位的进率，能正确进行相关体积（容积）单位换算	1.3.1 能说出/比划出立方厘米、立方分米、立方米等常用体积单位的含义	11	结合图例，说出/比划出立方厘米、立方分米、立方米等常用体积单位的含义	11-1 回答问题（见材料六）				
			12	在提示下，结合图例，说出立方厘米、立方分米、立方米等常用体积单位的含义	12-1 回答问题（见材料六）（语言/动作提示）				

（续表）

一级目标	二级目标	三级目标	评估项目		评估内容/方法	评估记录	评估结果与分析		结论与建议
			序号	项目			得分	分析	
		1.3.2 能说出/比划出常用体积（容积）单位的进率	13	结合图例，说出/比划出常用体积（容积）单位的进率	13-1 回答问题（见材料六）				
			14	在提示下，结合图例，说出常用体积（容积）单位的进率	14-1 回答问题（见材料六）				
		1.3.3 能进行相关体积（容积）单位换算	15	结合图例，说出/比划出相关体积（容积）单位的换算	15-1 说一说，填一填（见材料六）（语言/动作提示）				
			16	在提示下，结合图例，说出相关体积（容积）单位的换算	16-1 说一说，填一填（见材料六）（语言/动作提示）				

（续表）

一级目标	二级目标	三级目标	评估项目		评估内容/方法	评估记录	评估结果与分析		结论与建议
			序号	项目			得分	分析	
	1.4 掌握长方体和正方体的表面积、体积计算公式	1.4.1 掌握长方体的表面积计算公式	17	结合实例，说出/比划出长方体的表面积计算公式	17-1 回答问题（见材料七）				
			18	在提示下，结合实例，说出/比划出长方体的表面积计算公式	18-1 回答问题（见材料七）（语言/动作提示）				
		1.4.2 掌握正方体的表面积计算公式	19	结合实例，说出/比划出正方体的表面积计算公式	19-1 回答问题（见材料七）				
			20	在提示下，结合实例，说出/比划出正方体的表面积计算公式	20-1 回答问题（见材料七）（语言/动作提示）				

（续表）

一级目标	二级目标	三级目标	评估项目		评估内容/方法	评估记录	评估结果与分析		结论与建议
			序号	项目			得分	分析	
		1.4.3 掌握长方体的体积计算公式	21	结合实例，说出/比划出长方体的体积计算公式	21-1 回答问题（见材料八）				
			22	在提示下，结合实例，说出/比划出长方体的体积计算公式	22-1 回答问题（见材料八）（语言/动作提示）				
		1.4.4 掌握正方体的体积计算公式	23	结合实例，说出/比划出正方体的体积计算公式	23-1 回答问题（见材料八）				
			24	在提示下，结合实例，说出/比划出正方体的体积计算公式	24-1 回答问题（见材料八）（语言/动作提示）				

（续表）

一级目标	二级目标	三级目标	评估项目		评估内容/方法	评估记录	评估结果与分析		结论与建议
			序号	项目			得分	分析	
	1.5 根据不同的问题情境正确选择计算公式，解决一些简单的实际问题	1.5.1 根据具体的问题情境正确选择计算公式，解决一些简单的实际问题	25	根据具体的问题情境，正确说出/比划出计算公式，解决简单的实际问题	25-1 回答问题（见材料九）				
			26	在提示下，根据具体的问题情境，正确说出/比划出计算公式，解决简单的实际问题	26-1 回答问题（见材料九）（语言/动作提示）				
	1.6 掌握表面涂色的正方体的简单规律	1.6.1 结合图例，掌握表面涂色的正方体的简单规律	27	结合图例，说出/比划出表面涂色的正方体的简单规律	27-1 回答问题（见材料十）				
			28	在提示下，结合图例，说出/比划出表面涂色的正方体的简单规律	28-1 回答问题（见材料十）（语言/动作提示）				

数学·六年级
（下册）

编写人员：

芮代琴　刘加芳　刘　婷　赵　敏　宋晓杰　翁丽丽
李月月　茅　成　吴振兰

学　　校：_____　　　年　　级：_____
姓　　名：_____　　　出生日期：_____
评 估 者：_____　　　评估时间：_____

评估标准：

　　3分：独立完成单一知识/技能；或独立完成多重知识/技能100%。

　　2分：独立完成或在单一支持下完成多重知识/技能60%及以上；或在单一支持下完成单一知识/技能。

　　1分：独立完成或在多重支持下完成多重知识/技能20%～60%以内；或在多重支持下完成单一知识/技能。

　　0分：独立完成或在多重支持下完成多重知识/技能20%以下；或在多重支持下无法完成单一知识/技能。

使用指南

一、设计思路

六年级下册数学课程评估手册一共分为数与代数、图形与几何、统计与概率三个领域，每个领域的目标由一级目标、二级目标和三级目标组成。数与代数领域一级目标1个，二级目标4个，三级目标15个，评估项目30项；图形与几何领域一级目标2个，二级目标6个，三级目标14个，评估项目28项；统计与概率领域一级目标1个，二级目标4个，三级目标5个，评估项目10项。一级目标、二级目标均来自第二学段（4~6年级）义务教育数学课程标准，三级目标是结合现行六年级下册数学教材对二级目标分解而来。每个三级目标下设计有2个评估项目，同一个三级目标下的评估项目是按照由独立到提示或按难易度排列。

例如：数与代数领域中，三级目标"1.1.1能认识图形的放大与缩小，在方格纸上将简单图形放大或缩小"对应两个评估项目，"1.在方格纸上将简单图形放大或缩小"，这是评估学生能否正确在方格纸上按照一定的比例将简单的图形放大或者缩小；"2.在提示下，在方格纸上将简单图形放大或缩小"，这是评估学生不能独立将百分数与小数进行相互改写时，在评估者给予语言、动作或范例等提示下，能否完成试题。每个评估项目后都列出了相对应的评估内容/方法，说明评估什么、用什么评估、怎么评估。

二、操作方法

评估时，评估者先从第一个评估项目开始，如果被评估学生在该评估项目上全部通过，则直接跳到下一个三级目标的评估项目"1"继续评估，依次类推。对通过的项目在评估手册的"评估记录"栏中记录评估结果，例如："说出/比划出图形的放大和缩小，在方格纸上将简单图形放大或缩小"的项目，评估材料中是两道题，一是描述图形的放大和缩小，另一个是根据比例将图形放大和缩小，如果学生都能独立完成两道题的所有任务，根据评分标准在得分栏中记3分，在"评估结果与分析"栏中说明该生已经理解了图形放大、缩小的比例关系，学习目标已达成，这也是该生的现有能力水平，建议该生可以进入后面关联知识的学习。

如果被评估的学生在评估项目1（独立完成项目）中的题目没有全部通过，就进入评估项目2（提示下完成项目）继续评估未通过的评估内容。如果独立或在单一提示下完成多重知识的60%及以上记2分；如果独立或在多重提示下完成多重知识的20%~60%，记1分；如果独立或在多重提示下完成多重知识的20%以下，记为0分，并在评估材料中标注没有通过的评估题目。评估者将所有的2分项和1分项分别汇总，填写在评估手册的"评估结果与分析"栏中，并做分析，这是学生的可接近性学习目标，从中优先选择迫切需要学习的项目，作为下一阶段的学习目标，填写在"结论与建议"中。

三、评估例举

（一）数与代数

1. 三级目标1.1.1中，"在提示下"是指评估者通过语言或动作等提示方式，如语言提示：先标出图中长方形的长和宽或正方形的边长，哪个图形与①号图形长的比和宽的比相同？第2题画一画，语言提示：把正方形放大，关键是确定放大后正方形的边长；把长方形缩小，关键是确定缩小后长方形的长和宽，帮助学生完成评估。

2. 三级目标1.1.2中，"在提示下"是指评估者通过语言或动作等提示方式，如语言提示：第2题第一组和第二组可以通过化简发现两个比相等，帮助学生完成评估。

3. 三级目标1.1.3中，"在提示下"是指评估者通过语言或动作等提示方式，如语言提示：联系比例的基本性质，3和20是比例的两个内项，所以，5与括号里的数的乘积等于60，帮助学生完成评估。

4. 三级目标1.1.4中，"在提示下"是指评估者通过语言或动作等提示方式，如语言提示：可以直接用等号两端分子、分母交叉相乘的方法写出两个积相等的式子，然后再求出未知数x的值，帮助学生完成评估。

5. 三级目标1.1.5中，"在提示下"是指评估者通过语言或动作等提示方式，如语言提示：比例尺1：3000000，说明实际距离是图上距离的3000000倍，帮助学生完成评估。

6. 三级目标1.1.6中，"在提示下"是指评估者通过语言或动作等提示方式，如语言提示：第1题比例尺是指图上距离与实际距离的比，需要把12厘米改写成以毫米做单位，帮助学生完成评估。

7. 三级目标1.2.1中，"在提示下"是指评估者通过语言或动作等提示方式，如语言提示：如果速度一定，路程越长，时间就越长，且路程与时间的比值一定，此时路程和时间成_____，帮助学生完成评估。

8. 三级目标1.2.2中，"在提示下"是指评估者通过语言或动作等提示方式，如语言提示：

$\frac{2}{0.5}=4$ $\frac{4}{1}=4$ $\frac{6}{1.5}=4$，弹簧伸长的长度与所挂物体质量的比的比值一定，所以他们成_____，帮助学生完成评估。

9. 三级目标1.2.3中，"在提示下"是指评估者通过语言或动作等提示方式，如语言提示：图上横轴表示物体的质量，纵轴表示弹簧伸长的长度，要根据表中数据的对应关系找到相应的点，再完成画图，帮助学生完成评估。

10. 三级目标1.2.4中，"在提示下"是指评估者通过语言或动作等提示方式，如语言提示：根据弹簧伸长的长度与所挂物体的质量的比的比值为4，把质量为5千克代入，求出弹簧伸长的长度，帮助学生完成评估。

11. 三级目标1.2.5中，"在提示下"是指评估者通过语言或动作等提示方式，如语言提示：成正比例的两个量的比值是一定的，第一幅图周长与边长的比值都是4，所以第一幅图是_____比例图像，第二幅图宽与长的比值不确定，帮助学生完成评估。

12. 三级目标1.3.1中，"在提示下"是指评估者通过语言或动作等提示方式，如语言提示：如果速度一定，路程越长，时间就越长，且路程与时间的比值一定，此时路程和时间成____；如果路程一定，速度越快，时间就越长，且速度与时间的乘积一定，此时速度与时间成____，帮助学生完成评估。

13. 三级目标1.3.2中，"在提示下"是指评估者通过语言或动作等提示方式，如语言提示：120×2=240，80×3=240，60×4=240，工作效率与工作时间的乘积一定，所以他们成_____，帮助学生完成评估。

14. 三级目标1.4.1和1.4.2中，"在提示下"指评估者通过语言描述、画图、列表、实物操作等提示方式，帮助学生完成评估。

（二）图形与几何

1. 三级目标1.1.1中，"在提示下"是指评估者通过语言或动作等提示方式，如动作提示：准备一个圆柱体，摸一摸它的每一个面，帮助学生完成评估。

2. 三级目标1.1.2中，"在提示下"是指评估者通过语言或动作等提示方式，如动作提示：准备一个圆锥，摸一摸它的每一个面，边摸边结合圆锥图，帮助学生完成评估。

3. 三级目标1.2.1中，"在提示下"是指评估者通过语言或动作等提示方式，如语言提示：摸一摸两个实物圆柱的侧面，比一比哪个面积大？帮助学生完成评估。

4. 三级目标1.2.2中，"在提示下"是指评估者通过语言或动作等提示方式，如语言提示：

圆柱的表面积是侧面积加上两个底面的面积，帮助学生完成评估。

5. 三级目标1.2.3中，"在提示下"是指评估者通过语言或动作等提示方式，如语言提示：圆柱的体积是_____×____，帮助学生完成评估。

6. 三级目标1.3.1中，"在提示下"是指评估者通过语言或动作等提示方式，如语言提示：圆锥的体积=$\frac{1}{3}$_____×____，提示学生观察，帮助学生完成评估。

7. 三级目标1.4.1中，"在提示下"是指评估者通过语言或动作等提示方式，如语言提示：首先求出1秒钟这根水管流出的水有多少升，再算1分钟的流水有多少升，帮助学生完成评估。

8. 三级目标2.1.1中，"在提示下"是指评估者通过语言描述、动作或范例等提示方式，如动作提示：可以用手在图上比划，东北就是北（用手比划一下北的方向）偏_____（用手比划一下东的方向），帮助学生完成评估。

9. 三级目标2.1.2和2.1.3对应的评估项目，如果学生能力不错，可以直接评估2.1.3，学生都能完成，说明2.1.2和2.13对应的目标已经达成，无需评估2.1.2，若2.1.3项目中的题目完成有困难，则回到2.1.2对应项目进行评估。"在提示下"是指评估者通过语言描述、动作或范例等提示方式，如语言提示：学校在小明家的位置正好是哪两个方向之间，帮助学生完成。

10. 三级目标2.1.5中，"在提示下"是指评估者通过语言、动作、范例或作标记等提示方式，如标记提示：可以在图中标上东、南、西、北四个方向，帮助学生完成评估。

11. 三级目标2.2.1中，"在提示下"是指评估者通过语言、动作或作标记等提示方式，如做标记提示：可以在图中画出方向坐标图，帮助学生完成行走路线的描述；语言提示：小红家到学校多少米，6分钟走多少米？6分钟能到吗？帮助学生完成评估。

12. 三级目标2.2.2中，"在提示下"是指评估者通过语言、动作或示意图等提示方式，如示意图提示：可以画一张学生的家与学校的位置关系图，帮助学生完成评估。

（三）统计与概率

1. 三级目标1.1.1中，"在提示下"是指评估者通过语言或动作等提示方式，如语言提示：看一下统计图的标题是什么？动作提示：指一指"我国陆地各种地形分布情况统计图"字样，提示学生观察统计表的结构，帮助学生完成评估。

2. 三级目标1.2.1中，"在提示下"是指评估者通过语言或动作等提示方式，如语言提示：26.0%在哪里呢？动作提示：指出《我国陆地各种地形分布情况统计图》中的数据26.0%，提示学生观察材料，帮助学生完成评估。

3. 三级目标1.3.1中，"在提示下"是指评估者通过语言或动作等提示方式，如语言提示：看一下两个数据，分别说明什么？合起来思考一下，说明什么？动作提示：指出图中的两个数据，提示学生观察材料，帮助学生完成评估。

4. 三级目标1.4.1中，"在提示下"是指评估者通过语言或动作等提示方式，如语言提示：占比最大说明在图中占据面积最大，你来找一找吧。平原的数据在哪里呢？动作提示：指出《我国陆地各种地形分布情况统计图》中"平原"字样，帮助学生完成评估。

5. 三级目标1.4.2中，"在提示下"是指评估者通过语言或动作等提示方式，如语言提示：看一下每个图表的标题，就能了解每个图表表示什么了。动作提示：指出每个图表的标题，帮助学生完成评估。

数与代数领域

姓名：_____ 年级：_____ 评估者：_____ 评估日期：_____

一级目标	二级目标	三级目标	评估项目		评估内容/方法	评估记录	评估结果与分析		结论与建议
			序号	项目			得分	分析	
1 能认识数量之间的关系	1.1 在实际情境中理解比和比例以及按比例分配的含义，能解决简单的问题	1.1.1 能认识图形的放大与缩小，在方格纸上将简单图形放大或缩小	1	说出/比划出图形的放大和缩小，在方格纸上将简单图形放大或缩小	1-1 填一填（见材料一） 1-2 画一画（见材料一）				
			2	在提示下，说出/比划出图形的放大和缩小，在方格纸上将简单图形放大或缩小	2-1 填一填（见材料一）（语言/动作等提示） 2-2 画一画（见材料一）（语言/动作等提示）				

（续表）

一级目标	二级目标	三级目标	评估项目		评估内容/方法	评估记录	评估结果与分析		结论与建议
			序号	项目			得分	分析	
		1.1.2 能联系图形的放大与缩小理解比例的意义，认识比例的项和内项、外项	3	联系图形的放大与缩小，理解比例的意义，认识比例的项和内项、外项	3-1 填一填（见材料二）				
			4	在提示下，联系图形的放大与缩小理解比例的意义，认识比例的项和内项、外项	4-1 填一填（见材料二）（语言/动作等提示）				
		1.1.3 能说出/比划出/写出比例的基本性质	5	说出/比划出比例的基本性质	5-1 说一说比例的基本性质（见材料三）				
					5-2 根据比例的基本性质，在括号里填合适的数（见材料三）				

83

（续表）

一级目标	二级目标	三级目标	评估项目		评估内容/方法	评估记录	评估结果与分析		结论与建议
			序号	项目			得分	分析	
		1.1.4 能应用比例的基本性质解比例	6	在提示下，说出/比划出/写出比例的基本性质	6-1 说一说比例的基本性质（见材料三）（语言/动作等提示）				
					6-2 根据比例的基本性质，在括号里填合适的数（见材料三）（语言/动作等提示）				
			7	应用比例的基本性质解比例	7-1 解比例（见材料四）				
			8	在提示下，应用比例的基本性质解比例	8-1 解比例（见材料四）（语言/动作等提示）				

（续表）

一级目标	二级目标	三级目标	评估项目		评估内容/方法	评估记录	评估结果与分析		结论与建议
			序号	项目			得分	分析	
		1.1.5 能说出/比划出/写出比例尺的意义，知道比例尺的不同表达形式	9	说出/比划出比例尺的意义，知道比例尺的不同表达形式	9-1 填一填（见材料五）				
			10	在提示下，说出/比划出比例尺的意义，知道比例尺的不同表达形式	10-1 填一填（见材料五）（语言/动作等提示）				
		1.1.6 会求平面图的比例尺，能应用比例尺解决一些实际问题	11	计算出平面图的比例尺，应用比例尺解决一些实际问题	11-1 解决问题（见材料六）				
			12	在提示下，计算出平面图的比例尺，应用比例尺解决一些实际问题	12-1 解决问题（见材料六）（语言/动作等提示）				

（续表）

一级目标	二级目标	三级目标	序号	项目	评估内容/方法	评估记录	评估结果与分析		结论与建议
							得分	分析	
	1.2 在具体情境中，认识成正比例的量（如 $\frac{y}{x}=5$）	1.2.1 能说出/比划出正比例的意义	13	说出/比划出正比例的意义	13-1 填一填（见材料七）				
			14	在提示下，说出/比划出正比例的意义	14-1 填一填（见材料七）（语言/动作等提示）				
		1.2.2 能判断出两种相关联的量是不是成正比例	15	正确判断两种相关联的量是不是成正比例	15-1 根据表格中的数据，判断物体的质量与弹簧伸长的长度成正比例吗？为什么？（见材料八）				
			16	在提示下，正确判断两种相关联的量是不是成正比例	16-1 根据表格中的数据，判断物体的质量与弹簧伸长的长度成正比例吗？为什么？（见材料八）（语言/动作等提示）				

（续表）

一级目标	二级目标	三级目标	评估项目		评估内容/方法	评估记录	评估结果与分析		结论与建议
			序号	项目			得分	分析	
		1.2.3 能根据给出的具有关系的两组数据在方格纸上画出相应的图像	17	根据正比例关系的两组数据出在方格纸上画出/比划出相应的图像	17-1 在图中描出物体的质量和弹簧伸长的长度所对应的点，再把它们连接起来（见材料八）				
			18	在提示下，根据给出的具有正比例关系的两组数据在方格纸上画出/比划出相应的图像	18-1 在图中描出物体的质量和弹簧伸长的长度所对应的点，再把它们连接起来（见材料八）（语言/动作等提示）				
		1.2.4 能应用正比例图像解决一些简单的实际问题	19	应用正比例图像解决一些简单的实际问题	19-1 解决问题（见材料八）				
			20	在提示下，应用正比例图像解决一些简单的实际问题	20-1 解决问题（见材料八）（语言/动作等提示）				

（续表）

一级目标	二级目标	三级目标	评估项目		评估内容/方法	评估记录	评估结果与分析		结论与建议
			序号	项目			得分	分析	
	1.3 能在具体情境中认识成反比例的量（如 $y=5x$）	1.2.5 能认识正比例的图像（限第一象限）	21	说出/比划出正比例的图像（限第一象限）	21-1 下列图中哪一个是正比例的图像？（见材料九）				
			22	在提示下，说出/比划出正比例的图像（限第一象限）	22-1 下列图中哪一个是正比例的图像？（见材料九）（语言/动作等提示）				
		1.3.1 能说出/比划出正比例的意义	23	说出/比划出反比例的意义	23-1 填一填（见材料十）				
			24	在提示下，说出/比划出反比例的意义	24-1 填一填（见材料十）（语言/动作等提示）				

(续表)

一级目标	二级目标	三级目标	评估项目		评估内容/方法	评估记录	评估结果与分析		结论与建议
			序号	项目			得分	分析	
		1.3.2 能判断出两种相关联的量是不是成反比例	25	正确判断两种相关联的量是不是成反比例	25-1 解决问题（见材料十一）				
			26	在提示下，正确判断两种相关联的量是不是成反比例	26-1 解决问题（见材料十一）（语言/动作等提示）				
	1.4 能选择合适的策略实际问题	1.4.1 能选择合适的策略分析数量关系	27	根据具体情境，选择合适的策略分析数量关系	27-1 先根据题意分析数量关系，再列式解答（见材料十二）				
			28	在提示下，根据具体情境，选择合适的策略分析数量关系	28-1 先根据题意分析数量关系，再列式解答（见材料十二）（语言/动作等提示）				

（续表）

一级目标	二级目标	三级目标	评估项目		评估内容/方法	评估记录	评估结果与分析		结论与建议
			序号	项目			得分	分析	
		1.4.2 能选择合适的策略解答实际问题	29	根据具体情境，选择合适的策略解答实际问题	29-1 先根据题意分析数量关系，再列式解答（见材料十二）				
			30	在提示下，根据具体情境，选择合适的策略解答实际问题	30-1 先根据题意分析数量关系，再列式解答（见材料十二）（语言/动作等提示）				

图形与几何领域

姓名：_____ 年级：_____ 评估者：_____ 评估日期：_____

一级目标	二级目标	三级目标	评估项目		评估记录	评估结果与分析		结论与建议
			序号	评估内容/方法		得分	分析	
1 认识图形	1.1 认识圆柱和圆锥，知道圆柱和圆锥的基本特征	1.1.1 能说出/比划出圆柱的基本特征	1	结合实例，说出/指出圆柱的基本特征				
				1-1 回答问题（见材料一）				
			2	在提示下，结合实例说出/指出圆柱的基本特征				
				2-1 回答问题（见材料一）（语言/动作提示）				
		1.1.2 能说出/比划出圆锥的基本特征	3	结合实物图，说出/指出圆锥的基本特征				
				3-1 回答问题（见材料二）				
			4	在提示下，结合实物图，说出/指出圆锥的基本特征				
				4-1 回答问题（见材料二）（语言/动作提示）				

（续表）

一级目标	二级目标	三级目标	评估项目		评估内容/方法	评估记录	评估结果与分析		结论与建议
			序号	项目			得分	分析	
	1.2 掌握圆柱的侧面积、表面积、体积的计算公式	1.2.1 理解圆柱的侧面和表面积的含义	5	结合实物，比较圆柱的侧面积和表面积的大小	5-1 比较两个实物圆柱的侧面积和表面积的大小（提供实物圆柱）（见材料一）				
			6	在提示下，结合实物，比较圆柱的侧面积和表面积的大小	6-1 比较两个实物圆柱的侧面积和表面积的大小（提供实物圆柱）（见材料一）（语言/动作提示）				
		1.2.2 掌握圆柱的表面积计算公式	7	结合实例，说出/比划出圆柱的表面积计算公式	7-1 回答问题（见材料三）				
			8	在提示下，结合实例，说出/比划出圆柱的表面积计算公式	8-1 回答问题（见材料三）（语言/动作提示）				

（续表）

一级目标	二级目标	三级目标	评估项目		评估内容/方法	评估记录	评估结果与分析		结论与建议
			序号	项目			得分	分析	
		1.2.3 掌握圆柱的体积计算公式	9	结合实例，说出/比划出圆柱的体积计算公式	9-1 回答问题（见材料四）				
			10	在提示下，结合实例，说出/比划出圆柱的体积计算公式	10-1 回答问题（见材料四）（语言/动作提示）				
	1.3 掌握圆锥的体积计算公式	1.3.1 掌握圆锥的体积计算公式	11	结合实例，说出/比划出圆锥的体积计算公式	11-1 回答问题（见材料五）				
			12	在提示下，结合实例，说出/比划出圆锥的体积计算公式	12-1 回答问题（见材料五）（语言/动作提示）				

(续表)

一级目标	二级目标	三级目标	评估项目		评估内容/方法	评估记录	评估结果与分析		结论与建议
			序号	项目			得分	分析	
	1.4 根据不同的问题情境正确选择计算公式，解决一些简单的实际问题	1.4.1 根据具体问题情境正确选择计算公式，解决一些简单的实际问题	13	根据具体的问题情境，正确说出/比划出选择计算公式，解决简单的实际问题	13-1 回答问题（见材料六）				
			14	在提示下，根据具体的问题情境，正确说出/比划出计算公式，解决简单的实际问题	14-1 回答问题（见材料六）（语言/动作提示）				
2 认识图形的位置	2.1 能根据参照点的方向和距离确定物体的位置	2.1.1 能结合具体情境，说出/指出北偏东、北偏西、南偏东、南偏西四个方向	15	在具体情境中说出/指出北偏东、北偏西、南偏东、南偏西四个方向	15-1 指一指，说一说（见材料七）				

（续表）

一级目标	二级目标	三级目标	评估项目		评估内容/方法	评估记录	评估结果与分析		结论与建议
			序号	项目			得分	分析	
					15-2 站在操场上，说出/指出操场的北偏东、北偏西、南偏东、南偏西四个方向				
			16	在提示下说出/指出具体情境中北偏东、北偏西、南偏东、南偏西四个方向	16-1 指一指，说一说（见材料七）（语言/动作/范例等提示）				
					16-2 站在操场上，说出/指出操场的北偏东、北偏西、南偏东、南偏西四个方向（语言/动作/范例等提示）				

（续表）

一级目标	二级目标	三级目标	评估项目		评估内容/方法	评估记录	评估结果与分析		结论与建议
			序号	项目			得分	分析	
		2.1.2 能结合具体情境，根据参照点的方向描述物体的位置	17	结合具体情境，根据参照点的方向描述物体的位置	17-1 观察图，回答问题（见材料八）				
			18	在提示下结合具体情境，根据参照点的方向描述物体的位置	18-1 观察图，回答问题（见材料八）（语言/动作/范例等提示）				
		2.1.3 能结合具体情境，根据参照点的方向和距离描述物体的位置	19	根据参照点的方向和距离描述物体的位置	19-1 观察图，回答问题（见材料九）				
			20	在提示下根据参照点的方向和距离描述物体的位置	20-1 观察图，回答问题（见材料九）（语言/动作/范例等提示）				

（续表）

一级目标	二级目标	三级目标	评估项目		评估内容/方法	评估记录	评估结果与分析		结论与建议
			序号	项目			得分	分析	
		2.1.4 能根据给定方向和距离，在平面图上表示出物体的位置	21	根据给定方向和距离，在平面图上表示出物体的位置	21-1 以电视台为观测点，在图中表示出各场馆的位置（见材料十）				
			22	在提示下根据给定方向和距离，在平面图上表示出物体的位置	22-1 以电视台为观测点，在图中表示出各场馆的位置（见材料十）（语言/动作/范例/标记等提示）				
	2.2 会在实际情境中，描述简单的路线图	2.2.1 能结合平面图上的信息，描述简单的路线图	23	描述平面图上简单的路线图	23-1 看图回答问题（见材料十一）				
			24	在提示下描述平面图上简单的路线图	24-1 看图回答问题（见材料十一）（语言/动作/方向坐标图等提示）				

（续表）

一级目标	二级目标	三级目标	评估项目		评估内容/方法	评估记录	评估结果与分析		结论与建议
			序号	项目			得分	分析	
		2.2.2 能在熟悉的实际情境中，描述简单的路线图	25	描述熟悉情境中简单的路线图	25-1 回答问题（见材料十二）				
			26	在提示下描述熟悉情境中简单的路线图	26-1 回答问题（见材料十二）（语言/动作/示意图提示）				

统计与概率领域

姓名：_____　　年级：_____　　评估者：_____　　评估日期：_____

一级目标	二级目标	三级目标	评估项目		评估内容/方法	评估记录	评估结果与分析		结论与建议
			序号	项目			得分	分析	
1 数据的收集、整理与表达	1.1 认识扇形统计图	1.1.1 能结合实例，说出/比划出扇形统计图的名称及结构	1	结合实例，说出/比划扇形统计图的名称及结构	1-1 观察表格并回答问题（见材料一）				
			2	在提示下，结合实例，说出扇形统计图的名称及结构	2-1 观察表格并回答问题（见材料一）（语言动作等提示）				
	1.2 会解释扇形统计图所表达的意义	1.2.1 能结合具体情境解释扇形统计图所表达的意义	3	能结合具体情境说出/比划出扇形统计图所表达的意义	3-1 看图回答问题（见材料一）				
			4	在提示下，能结合具体情境，说出/比划出扇形统计图表达的意义	4-1 看图回答问题（见材料一）（语言动作等提示）				

99

（续表）

一级目标	二级目标	三级目标	评估项目		评估内容/方法	评估记录	评估结果与分析		结论与建议
			序号	项目			得分	分析	
	1.3 能合理述说数据分析的结论	1.3.1 能结合生活经验,合理述说数据分析的结论	5	结合生活经验,在具体情境下合理述说数据分析的结论	5-1 看图回答问题(见材料二)				
			6	在提示下,结合生活经验,在具体情境下合理述说数据分析的结论	6-1 看图回答问题(见材料二)(语言/动作等提示)				
	1.4 在简单的实际情境中,应用统计图表,形成数据意识和初步的应用意识	1.4.1 能结合生活经验,应用扇形统计图,形成数据意识	7	结合生活经验,观察分析扇形统计图解决问题	7-1 看图回答问题(见材料一)				
			8	在提示下,结合生活经验,观察分析扇形统计图解决问题	8-1 看图回答问题(见材料一)(语言/动作等提示)				

(续表)

一级目标	二级目标	三级目标	评估项目		评估内容/方法	评估记录	评估结果与分析		结论与建议
			序号	项目			得分	分析	
		1.4.2 能合理应用统计图表,形成初步的应用意识	9	根据不同需求,能合理应用统计图表描述和分析数据	9-1 看图回答问题（见材料三）				
			10	在提示下,根据不同需求,能合理应用统计图表描述和分析数据	10-1 看图回答问题（见材料三）（语言/动作等提示）				

101

英语·六年级
（上册）

编写人员：
王　霞　黄永志　刘晓慧

学　校：_____　　年　级：_____

姓　名：_____　　出生日期：_____

评估者：_____　　评估时间：_____

评估标准：

　　3分：独立完成单一知识/技能；或独立完成多重知识/技能100%。

　　2分：独立完成或在单一支持下完成多重知识/技能60%及以上；或在单一支持下完成单一知识/技能。

　　1分：独立完成或在多重支持下完成多重知识/技能20%~60%以内；或在多重支持下完成单一知识/技能。

　　0分：独立完成或在多重支持下完成多重知识/技能20%以下；或在多重支持下无法完成单一知识/技能。

使用指南

一、设计思路

六年级上册英语课程评估手册共分为听做、说唱、认读、书写四个领域，每个领域的目标由一级目标和二级目标组成。本册共计4个领域、4个一级目标、17个二级目标、33个评估项目。听做领域一级目标1个，二级目标4个，评估项目7项；说唱领域一级目标1个，二级目标4个，评估项目7项；认读领域一级目标1个，二级目标6个，评估项目12项；书写领域一级目标1个，二级目标3个，评估项目7项。一级目标来自义务教育英语课程标准，二级目标是结合译林出版社六年级上册英语教材对一级目标分解而来。每个二级目标下设计有数个评估项目，同一个二级目标下的评估项目是按照由独立到提示或由难到易的顺序排列。例如：二级目标"3.1能认读124个单词、38个词组"下，有两个评估项目，"1.认读单词、词组"，这是评估学生能否独立认读，能认识多少，能读对多少；"2.在提示下，认读单词、词组"这是评估学生不能独立认读时，在语音、卡片、动作等提示下，能认识多少，能读对多少。每个评估项目后都列出了评估内容/方法，说明评估什么、用什么评估、怎么评估。

二、操作方法

评估时，评估者先从第一个评估项目开始，如果被评估的学生在该评估项目上全部通过，直接跳到下一个二级目标的第一个评估项目继续评估，以此类推。对通过的项目在评估手册的"评估记录"栏中记录评估结果，例如："能认读124个单词、38个词组"，如果学生能全部独立认读，就根据评分标准在"评估结果与分析"得分栏中记3分，分析栏中说明该生已经100%掌握六年级上册124个单词和38个词组的认读，学习目标已达成，建议该生可以进入后续目标学习。如果学生能独立认读97个，正确率60%，根据评分标准在"评估结果与分析"得分栏中记2分。如果学生只能独立认读48个，正确率30%，只记1分，分析栏中说明该生未能全部认读，建议进行提示下再评估。

如果被评估的学生在评估项目1（独立完成项目）没有全部通过，就进入评估项目2（提示下完成项目）继续评估未通过的评估内容。如果在单一提示下完成，属于2分项；如果在两种或两种以上提示下完成，属于1分项；如果在多重提示下仍然无法完成，属于0分项，都在评估材料中标注评估结果。将处于最近发展区的2分项和1分项分别汇总，填写在评估手册的"评估结果与分析"栏中，并做分析。2分项和1分项是学生可接近性学习目标，从中优先选择迫切需要学习的项目，作为下一阶段的学习目标，填写在"结论与建议"中。

● 说明：

1. 符号：在英语中，（ ）里的内容表示可以省略；

2. 内容：评估手册与评估材料上的内容一一对应，完全一致，包括题号；

3. 评估者提示：可根据学生需要进行调整，同一提示不超过3遍；

4. 听做领域测评时请提醒学生先看听力内容，听力材料最多播报2遍，2遍之后属于在提示下完成；

5. 语言障碍的学生如果不能说，请评估者说，学生指认；

6. 弱视的学生请提供助视器等辅助设备。

三、评估例举

（一）听做领域

1. 二级目标1.1中，"能在提示下听懂简单的话语或录音材料"指评估者播报听力材料，指导学生仔细看图和听力内容、注意红色字体，学生根据所听对话完成相应的任务来完成评估。

2. 二级目标1.2中，"能听懂简单的配图小故事"指评估者播报简单的故事，学生根据所听故事完成相应的任务；"在提示下"指评估者可以通过指导学生仔细看图和听力内容、注意红色字体、进行预判等方式帮助学生完成评估。

3. 二级目标1.3中，"能听懂课堂活动中简单的提问"指评估者提问，学生根据所听问句进行回答；"在提示下"指评估者可以通过放慢语速、引导学生回忆课本内容、借助图片等方式帮助学生完成评估。

4. 二级目标1.4中，"能听懂常用指令和要求并做出适当的反应"建议任课教师根据常用的课堂指令进行评估；"在提示下"指评估者可以通过肢体语言提示等方式帮助学生完成评估。

（二）说唱领域

1. 二级目标 2.1 中，"能用3个句型交流简单的个人信息和家庭情况"要求学生根据图片说出问句或者答句，符合情境、发音准确、内容正确；"在提示下"指评估者可以指导学生看图、理解图片和情境、注意黑色字体等方式帮助学生完成评估。

2. 二级目标 2.2 中，"能运用一些常用的日常用语"要求学生根据图片表达，符合情境、发音准确、内容正确;"在提示下"指评估者可以通过中文情境提示、角色扮演、示范说话等方式帮助学生完成评估。

3. 二级目标2.3中,"能就日常生活话题作简短叙述"要求学生能简单描述日常生活话题,可以看图进行参照,注意人称和时态,以及语法知识点,发音准确、内容正确;"在提示下"指评估者可以通过提供主要句型、引导学生回忆课本内容等方式帮助学生完成评估。

4. 二级目标2.4中,"能在提示下描述或讲述简单的小故事"要求学生看图讲故事,发音准确、内容正确,有一定的情感和肢体语言;"在提示下"指评估者可以通过让学生再读故事、合作讲述等方式帮助学生完成评估。

(三)认读领域

1. 二级目标3.1中,"认读单词、词组"要求学生表达时发音准确、内容正确;"在提示下"指评估者可以通过口型演示、指导拼读等方式帮助学生完成评估。

2. 二级目标3.2中,"根据拼读规律读出单词"要求学生表达时发音准确、内容正确;"在提示下"指评估者可通过提示部分字母的发音或者单词的基本拼读规律等方式帮助学生完成评估。

3. 二级目标3.3中,"读懂要求或指令"要求学生根据评估材料提供的情景匹配相应的指令或要求;"在提示下"指评估者可以指导学生看图或认读词句,以理解指令或要求。(注:本题例题仅供参照,评估者可提出其它任务检测学生是否读懂指令或要求。)

4. 二级目标3.4中,"看懂贺卡"要求学生根据贺卡内容回答简单问题;"在提示下"指评估者可以指导学生看图或认读词句,以理解贺卡内容。(注:本题例题仅供参照,评估者可提出其它任务检测学生是否读懂指令或要求。)

5. 二级目标3.5中,"按意群读懂故事或短文"要求学生阅读评估材料中的故事或短文,正确回答问题;"在提示下"指评估者可以指导学生认读词句或使用恰当的阅读策略理解故事或短文。(注:本题例题仅供参考,评估者可提出其它任务检测学生是否按意群读懂故事或短文。)

6. 二级目标3.6中,"朗读课文"要求学生表达时发音准确、内容正确、吐字清晰、内容完整、注意声调;"在提示下"指评估者可通过提示部分单词或句子的读音等方式帮助学生完成评估。

（四）书写领域

1. 二级目标4.1中，评估者可以根据评估手册中的单元顺序进行播报，学生正确、工整、清楚地写出所听到的单词或词组；学生无法自己写出时，评估者指导学生在打乱顺序的单词中，抄写所听到的单词或词组；学生听写和抄写都无法完成时，直接描红，老师无需播报。

2. 二级目标4.2中，学生根据情境及提示，联系上下文，正确、工整、清楚地写出问候语和祝福语；学生无法正确书写时，评估者指导学生根据提示，补全对话中的问候语和祝福语。

3. 二级目标4.3中，学生根据提示，围绕话题，写出短文，并正确使用大小写字母和英文标点符号；学生无法正确书写时，评估者指导学生根据提示补全短文内容。

听做领域

姓名：　　　　　　　　年级：　　　　　　　　评估者：　　　　　　　　评估日期：

一级目标	二级目标	评估项目		评估内容/方法	评估记录	评估结果与分析		结论与建议
		序号	项目			得分	分析	
1 能借助图片、图像、手势听懂简单的话语或录音材料；能听懂简单的配图小故事、能听懂课堂活动中简单的提问；能听懂常见指令和要求并做出适当的反应	1.1 能在提示下听懂简单的话语或录音材料	1	听懂简单的话语或录音材料，在提示下做出相应的反应	1-1 根据听到的对话选出正确的答案（评估者见材料一，学生见材料二，评估者根据情况给予提示）				
	1.2 能听懂简单的配图小故事	2	听懂简单的小故事，做出相应的反应	2-1 根据听到的故事进行判断（评估者见材料三，学生见材料四）				
		3	听懂简单的小故事，在提示下做出相应的反应	3-1 根据听到的故事进行判断（评估者见材料三，学生见材料四，评估者根据情况给予提示）				

（续表）

一级目标	二级目标	序号	项目	评估内容/方法	评估记录	得分	分析	结论与建议
	1.3 能听懂课堂活动中简单的提问	4	听问题,做出正确的回答	4-1 听问题,说出正确的回答(评估者见材料五)				
		5	听问题,在提示下做出正确的回答	5-1 听问题,说出正确的回答(评估者见材料五,根据情况给予提示)				
	1.4 能听懂指令常用要求并做出适当的反应	6	听指令,做出适当的反应	6-1 根据听到的指令做出相应的反应(注:任课教师随堂检测,如有需求,评估者见材料六)				
		7	听指令,在提示下做出适当的反应	7-1 根据听到的指令做出相应的反应(注:任课教师随堂检测,如有需求,评估者见材料六,根据情况给予提示)				

说唱领域

姓名：　　　　　　　年级：　　　　　　　评估日期：

评估者：

一级目标	二级目标	评估项目		评估内容/方法	评估记录	评估结果与分析		结论与建议
		序号	项目			得分	分析	
2 能在口头表达中做到发音清楚、语调基本达意；能就所熟悉的个人和家庭情况进行简单的对话，能运用一些最常用的日常用语；能在提示下描述或讲述简单的小故事	2.1 能用3个句型交流的简单信息和家庭情况	1	看图片，用正确的句型交流个人信息，说出相应的对话	1-1 用正确的句型交流个人信息（见材料一）				
		2	看图片，在提示下用正确的句型交流个人信息，说出相应的对话	2-1 用正确的句型交流个人信息，评估者根据情况给予提示）				
	2.2 能运用一些常用的日常用语	3	看图片，说出相应的句子	3-1 看图片，说出相应的句子（见材料二）				
		4	看图片，在提示下说出相应的句子	4-1 看图片，说出相应的句子（见材料二，评估者根据情况给予提示）				

(续表)

一级目标	二级目标	评估项目		评估内容/方法	评估记录	评估结果与分析		结论与建议
		序号	项目			得分	分析	
	2.3 能就日常生活话题作简短叙述	5	就日常生活话题作简短叙述	5-1 就日常生活话题作简短叙述（见材料三）				
		6	在提示下就日常生活话题作简短叙述	6-1 就日常生活话题作简短叙述（见材料三，评估者根据情况给予提示）				
	2.4 能在提示下描述或讲述简单的小故事	7	在提示下描述或讲述简单的小故事	7-1 看图片，讲述故事（见材料四，评估者根据情况给予提示）				

认读领域

姓名：_____ 年级：_____ 评估者：_____ 评估日期：_____

一级目标	二级目标	评估项目		评估内容/方法	评估记录	评估结果与分析		结论与建议
		序号	项目			得分	分析	
3 能认读单词；能根据拼读规律，读出简单的单词；能读懂教材中简短的要求或指令；能看懂贺卡等表达的简单信息，能按意群读懂简单的小故事或短文；能正确朗读课文	3.1 能认读124个单词，38个词组	1	认读单词、词组	1-1 读出单词或词组（见材料一或教材单词表）				
		2	在提示下，认读单词、词组	2-1 读出单词或词组（见材料一或教材单词表，评估者根据情况给予提示）				
	3.2 能根据拼读规律，读出6组单词	3	根据拼读规律，拼读单词	3-1 读出单词，并说出划线部分字母的发音（见材料二）				
		4	在提示下，根据拼读规律，拼读单词	4-1 在提示下，读出单词，并说出划线部分字母的发音（见材料二，评估者根据情况给予提示）				

（续表）

一级目标	二级目标	评估项目		评估内容/方法	评估记录	评估结果与分析		结论与建议
		序号	项目			得分	分析	
	3.3 能读懂要求或指令	5	读懂教材中简短的要求或指令	5-1 将相对应的指令与图片进行配对（见材料三）				
		6	在提示下，读懂教材中简短的要求或指令	6-1 将相对应的指令与图片进行配对（见材料三，评估者根据情况给予提示）				
	3.4 能看懂海报表达的简单信息	7	看懂海报	7-1 根据海报上的信息回答（见材料四）				
		8	在提示下，看懂海报	8-1 在提示下，根据海报上的信息回答问题（见材料四，评估者根据情况给予提示）				

113

（续表）

一级目标	二级目标	评估项目		评估内容/方法	评估记录	评估结果与分析		结论与建议
		序号	项目			得分	分析	
	3.5 能按意群读懂故事、短文，回答问题	9	按意群读懂故事或短文	9-1 阅读短文，回答问题（见材料五）注：评估者可选择其他阅读材料进行评估，例题仅供参考				
		10	在提示下，按意群读懂故事或短文	10-1 阅读短文，回答问题（见材料五，评估者根据情况给予提示）注：评估者可选择其他阅读材料进行评估，例题仅供参考				
	3.6 能朗读学过的8篇课文	11	正确朗读课文	11-1 从阅读材料中任选5篇朗读（见材料六）				
		12	在提示下，正确朗读课文	12-1 从阅读材料中任选5篇朗读（见材料六，评估者根据情况给予提示）				

书写领域

姓名：_____ 年级：_____ 评估者：_____ 评估日期：_____

一级目标	二级目标	评估项目		评估内容/方法	评估记录	评估结果与分析		结论与建议
		序号	项目			得分	分析	
4 能书写四会单词，词组和简单句型；能写出简单的问候和祝福语；能根据提示，写出简短的描述	4.1 能正确、工整、清楚地书写53个四会单词和5个词组	1	听写53个四会单词，5个词组	1-1 写出所听到的单词或词组（评估者见材料二，学生见材料一）				
		2	抄写53个四会单词，5个词组	2-1 抄写所听到的单词或词组（评估者见材料三，学生见材料一）				
		3	抄写53个四会单词，5个词组	3-1 描红所给的单词或词组（见材料四）				

（续表）

一级目标	二级目标	评估项目		评估内容/方法	评估记录	评估结果与分析		结论与建议
		序号	项目			得分	分析	
	4.2 能正确、工整、清楚地写出已学的问候语和祝福语	4	根据情境，写出问候语和祝福语	4-1 根据情境和对话，写出正确的问候语和祝福语（见材料五）				
		5	根据情境，补全问候语和祝福语	5-1 根据情境和对话，补全问候语和祝福语（见材料六）				
	4.3 能根据所学本册的内容，在图片，词句或例句的提示下，围绕一个话题，写出50词的左右的小短文	6	根据提示，围绕话题，写出短文	6-1 根据短语提示，用一般过去式写出短文，描述你是如何度过上个周日的，不少于50词（见材料七）				
		7	根据提示，围绕话题，补全短文	7-1 根据短语提示，用一般过去式补全短文，描述你是如何度过上个周日的，不少于50词（见材料八）				

英语·六年级
（下册）

编写人员：
王 霞 黄永志 刘晓慧

学　校：_____　　年　级：_____
姓　名：_____　　出生日期：_____
评估者：_____　　评估时间：_____

评估标准：

　　3分：独立完成单一知识/技能；或独立完成多重知识/技能100%。

　　2分：独立完成或在单一支持下完成多重知识/技能60%及以上；或在单一支持下完成单一知识/技能。

　　1分：独立完成或在多重支持下完成多重知识/技能20%~60%以内；或在多重支持下完成单一知识/技能。

　　0分：独立完成或在多重支持下完成多重知识/技能20%以下；或在多重支持下无法完成单一知识/技能。

使用指南

一、设计思路

六年级下册英语课程评估手册共分为听做、说唱、认读、书写四个领域，每个领域的目标由一级目标和二级目标组成。本册共计4个领域、4个一级目标、17个二级目标、33个评估项目。听做领域一级目标1个，二级目标4个，评估项目7项；说唱领域一级目标1个，二级目标4个，评估项目7项；认读领域一级目标1个，二级目标6个，评估项目12项；书写领域一级目标1个，二级目标3个，评估项目7项。一级目标来自义务教育英语课程标准，二级目标是结合译林出版社六年级下册英语教材对一级目标分解而来。每个二级目标下设计有数个评估项目，同一个二级目标下的评估项目是按照由独立到提示或由难到易的顺序排列。例如：二级目标"3.1能认读91个单词、30个词组"下，有两个评估项目，"1.认读单词、词组"，这是评估学生能否独立认读，能认识多少，能读对多少；"2.在提示下，认读单词、词组"这是评估学生不能独立认读时，在语音、卡片、动作等提示下，能认识多少，能读对多少。每个评估项目后都列出了评估内容/方法，说明评估什么、用什么评估、怎么评估。

二、操作方法

评估时，评估者先从第一个评估项目开始，如果被评估的学生在该评估项目上全部通过，直接跳到下一个二级目标的第一个评估项目继续评估，以此类推。对通过的项目在评估手册的"评估记录"栏中记录评估结果，例如："能认读91个单词、30个词组"，如果学生能全部独立认读，就根据评分标准在"评估结果与分析"得分栏中记3分，分析栏中说明该生已经100%掌握六年级下册91个单词和30个词组的认读，学习目标已达成，建议该生可以进入后续目标学习。如果学生能独立认读73个，正确率60%，根据评分标准在"评估结果与分析"得分栏中记2分。如果学生只能独立认读37个，正确率30%，只记1分，分析栏中说明该生未能全部认读，建议进行提示下再评估。

如果被评估的学生在评估项目1（独立完成项目）没有全部通过，就进入评估项目2（提示下完成项目）继续评估未通过的评估内容。如果在单一提示下完成，属于2分项；如果在两种或两种以上提示下完成，属于1分项；如果在多重提示下仍然无法完成，属于0分项，都在评估材料中标注评估结果。将处于最近发展区的2分项和1分项分别汇总，填写在评估手册的"评估结果与分析"栏中，并做分析。2分项和1分项是学生可接近性学习目标，从中优先选择迫切需要学习的项目，作为下一阶段的学习目标，填写在"结论与建议"中。

● 说明：

1. 符号：在英语中，（ ）里的内容表示可以省略；

2. 内容：评估手册与评估材料上的内容一一对应，完全一致，包括题号；

3. 评估者提示：可根据学生需要进行调整，同一提示不超过3遍；

4. 听做领域测评时请提醒学生先看听力内容，听力材料最多播报2遍，2遍之后属于在提示下完成；

5. 语言障碍的学生如果不能说，请评估者说，学生指认；

6. 弱视的学生请提供助视器等辅助设备。

三、评估例举

（一）听做领域

1. 二级目标1.1中，"能在提示下听懂简单的话语或录音材料"指评估者播报听力材料，指导学生仔细看图和听力内容、注意红色字体，学生根据所听对话完成相应的任务来完成评估。

2. 二级目标1.2中，"能听懂简单的配图小故事"指评估者播报简单的故事，学生根据所听故事完成相应的任务；"在提示下"指评估者可以通过指导学生仔细看图和听力内容、注意红色字体、进行预判等方式帮助学生完成评估。

3. 二级目标1.3中，"能听懂课堂活动中简单的提问"指评估者提问，学生根据所听问句进行回答；"在提示下"指评估者可以通过放慢语速、引导学生回忆课本内容、借助图片等方式帮助学生完成评估。

4. 二级目标1.4中，"能听懂常用指令和要求并做出适当的反应"建议任课教师根据常用的课堂指令进行评估；"在提示下"指评估者可以通过肢体语言提示等方式帮助学生完成评估。

（二）说唱领域

1. 二级目标 2.1 中，"能用11个句型交流简单的个人信息和家庭情况"要求学生根据图片说出问句或者答句，符合情境、发音准确、内容正确；"在提示下"指评估者可以指导学生看图、理解图片和情境、注意黑色字体等方式帮助学生完成评估。

2. 二级目标 2.2 中，"能运用一些常用的日常用语"要求学生根据图片表达，符合情境、发音准确、内容正确;"在提示下"指评估者可以通过中文情境提示、角色扮演、示范说话等方式帮助学生完成评估。

3. 二级目标 2.3中,"能就日常生活话题作简短叙述"要求学生能简单描述日常生活话题,可以看图进行参照,注意人称和时态,以及语法知识点,发音准确、内容正确;"在提示下"指评估者可以通过提供主要句型、引导学生回忆课本内容等方式帮助学生完成评估。

4. 二级目标 2.4中,"能在提示下描述或讲述简单的小故事"要求学生看图讲故事,发音准确、内容正确,有一定的情感和肢体语言;"在提示下"指评估者可以通过让学生再读故事、合作讲述等方式帮助学生完成评估。

(三)认读领域

1. 二级目标 3.1中,"认读单词、词组"要求学生表达时发音准确、内容正确;"在提示下"指评估者可以通过口型演示、指导拼读等方式帮助学生完成评估。

2. 二级目标 3.2中,"根据拼读规律读出单词"要求学生表达时发音准确、内容正确;"在提示下"指评估者可通过提示部分字母的发音或者单词的基本拼读规律等方式帮助学生完成评估。

3. 二级目标 3.3中,"读懂要求或指令"要求学生根据评估材料提供的情景匹配相应的指令或要求;"在提示下"指评估者可以指导学生看图或认读词句,以理解指令或要求。(注:本题例题仅供参照,评估者可提出其它任务检测学生是否读懂指令或要求。)

4. 二级目标 3.4中,"看懂贺卡"要求学生根据贺卡内容回答简单问题;"在提示下"指评估者可以指导学生看图或认读词句,以理解贺卡内容。(注:本题例题仅供参照,评估者可提出其它任务检测学生是否读懂指令或要求。)

5. 二级目标 3.5中,"按意群读懂故事或短文"要求学生阅读评估材料中的故事或短文,正确回答问题;"在提示下"指评估者可以指导学生认读词句或使用恰当的阅读策略理解故事或短文。(注:本题例题仅供参考,评估者可提出其它任务检测学生是否按意群读懂故事或短文。)

6. 二级目标 3.6中,"朗读课文"要求学生表达时发音准确、内容正确、吐字清晰、内容完整、注意声调;"在提示下"指评估者可通过提示部分单词或句子的读音等方式帮助学生完成评估。

（四）书写领域

1. 二级目标4.1中，评估者可以根据评估手册中的单元顺序进行播报，学生正确、工整、清楚地写出所听到的单词或词组；学生无法自己写出时，评估者指导学生在打乱顺序的单词中，抄写所听到的单词或词组；学生听写和抄写都无法完成时，直接描红，老师无需播报。

2. 二级目标4.2中，学生根据情境及提示，联系上下文，正确、工整、清楚地写出问候语和祝福语；学生无法正确书写时，评估者指导学生根据提示，补全对话中的问候语和祝福语。

3. 二级目标4.3中，学生根据提示，围绕话题，写出短文，并正确使用大小写字母和英文标点符号；学生无法正确书写时，评估者指导学生根据提示补全短文内容。

听做领域

姓名：_____　　年级：_____　　评估者：_____　　评估日期：_____

一级目标	二级目标	评估项目		评估内容/方法	评估记录	评估结果与分析		结论与建议
		序号	项目			得分	分析	
1 能借助图片、图像、手势听懂简单的话语或录音材料；能听懂简单的配图小故事；能听懂课堂活动中简单的提问；能听懂常用指令和要求并做出适当的反应	1.1 能在提示下听懂简单的话语或录音材料	1	听懂简单的话语或录音材料，在提示下做出相应的反应	1-1 根据听到的对话给图片排序（评估者见材料一，学生见材料二，评估者根据情况给予提示）				
	1.2 能听懂简单的配图小故事	2	听懂简单的小故事，做出相应的反应	2-1 根据听到的故事进行判断（评估者见材料三，学生见材料四）				
		3	听懂简单的小故事，在提示下做出相应的反应	3-1 根据听到的故事进行判断（评估者见材料三，学生见材料四，评估者根据情况给予提示）				

（续表）

一级目标	二级目标	评估项目		评估内容/方法	评估记录	评估结果与分析		结论与建议
		序号	项目			得分	分析	
	1.3 能听懂课堂活动中简单的提问	4	听问题，做出正确的回答	4-1 听问题，说出正确的回答（评估者见材料五）				
		5	听问题，在提示下做出正确的回答	5-1 听问题，说出正确的回答（评估者见材料五，根据情况给予提示）				
	1.4 能听懂指令常用要求并做出适当的反应	6	听指令，做出适当的反应	6-1 根据听到的指令做出相应的反应（注：任课教师随堂检测。如有需求，评估者见材料六）				
		7	听指令，在提示下做出适当的反应	7-1 根据听到的指令做出相应的反应（注：任课教师随堂检测。如有需求，评估者见材料六，根据情况给予提示）				

说唱领域

姓名：_____　年级：_____　评估者：_____　评估日期：_____

一级目标	二级目标	评估项目		评估内容/方法	评估记录	评估结果与分析		结论与建议
		序号	项目			得分	分析	
2 能在口头表达中做到发音清楚、语调基本达意；能就所熟悉的个人和家庭情况进行简单的对话；能运用一些最常用的日常用语，能就日常生活话题作简短叙述；能在提示下描述或讲述简单的小故事	2.1 能用11个句型交流的个人信息和家庭情况	1	看图片，用正确的句型交流个人信息，说出相应的对话	1-1 用正确的句型交流个人信息（见材料一）				
		2	看图片，在提示下用正确的句型交流个人信息，说出相应的对话	2-1 用正确的句型交流个人信息（见材料一，评估者根据情况给予提示）				
	2.2 能运用一些常用的日常用语	3	看图片，说出相应的句子	3-1 看图片，说出相应的句子（见材料二）				
		4	看图片，在提示下说出相应的句子	4-1 看图片，说出相应的句子（见材料二，评估者根据情况给予提示）				

（续表）

一级目标	二级目标	评估项目		评估内容/方法	评估记录	评估结果与分析		结论与建议
		序号	项目			得分	分析	
	2.3 能就日常生活话题作简短叙述	5	就日常生活话题作简短叙述	5-1 就日常生活话题作简短叙述（见材料三）				
		6	在提示下就日常生活话题作简短叙述	6-1 就日常生活话题作简短叙述（评估者根据情况给予提示）				
	2.4 能在提示下描述或讲述简单的小故事	7	在提示下描述或讲述简单的小故事	7-1 看图片，讲述故事（见材料四，评估者根据情况给予提示）				

认读领域

姓名：_____ 年级：_____ 评估者：_____ 评估日期：_____

一级目标	二级目标	评估项目		评估内容/方法	评估记录	评估结果与分析		结论与建议
		序号	项目			得分	分析	
3 能认读单词；能根据拼读规律，读出简单的单词；能读懂教材中简短的要求或指令；能看懂贺卡等表达的简单信息；能按意群读懂简单的故事或短文；能正确朗读课文	3.1 能认读91个单词，30个词组	1	认读单词、词组	1-1 读出下列单词或词组（见材料一或教材单词表）				
		2	在提示下，认读单词、词组	2-1 读出下列单词或词组（见材料一或教材单词表，评估者根据情况给予提示）				
	3.2 能根据拼读规律，拼读出5组单词	3	根据拼读规律，拼读单词	3-1 读出单词，并说出划线部分字母的发音（见材料二）				
		4	在提示下，根据拼读规律，拼读单词	4-1 在提示下，读出单词，并说出划线部分字母的发音（见材料二，评估者根据情况给予提示）				

(续表)

一级目标	二级目标	评估项目		评估内容/方法	评估记录	评估结果与分析		结论与建议
		序号	项目			得分	分析	
	3.3 能读懂要求或组5指令	5	读懂教材中简短的要求或指令	5-1 将相对应的指令与图片进行配对（见材料三）				
		6	在提示下，读懂教材中简短的要求或指令	6-1 将相对应的指令与图片进行配对（见材料三，评估者根据情况给予提示）				
	3.4 能看懂邀请表达的简单信息	7	看懂邀请函	7-1 请根据邀请函的信息选择正确选项（见材料四）				
		8	在提示下，看懂邀请函	8-1 请根据邀请函的信息选择正确选项（见材料四，评估者根据情况给予提示）				

128

（续表）

一级目标	二级目标	评估项目		评估内容/方法	评估记录	评估结果与分析		结论与建议
		序号	项目			得分	分析	
	3.5 能按意群读懂故事或短文	9	按意群读懂故事或短文	9-1 阅读短文，回答问题（见材料五）				
		10	在提示下，按意群读懂故事或短文	10-1 阅读短文，回答问题（见材料五，评估者根据情况给予提示）注：评估者可选择其他教材绘本故事进行评估，例题仅供参考）				
	3.6 能朗读学过的8篇课文	11	正确朗读课文	11-1 从阅读材料中任选5篇朗读（见材料六）				
		12	在提示下，正确朗读课文	12-1 从阅读材料中任选5篇朗读（见材料六，评估者根据情况给予提示）				

书写领域

姓名：_____ 年级：_____ 评估者：_____ 评估日期：_____

一级目标	二级目标	评估项目		评估内容/方法	评估记录	评估结果与分析		结论与建议
		序号	项目			得分	分析	
4 能书写四会单词、词组和句型；能写出简单的问候语和祝福语；能根据提示，写出简短的描述	4.1 能正确、工整、清楚地书写36个四会单词和6个词组	1	听写36个四会单词、6个词组	1-1 写出所听到的单词或词组（评估者见材料一、学生见材料二）				
		2	抄写36个四会单词、6个词组	2-1 抄写所听到的单词或词组（评估者见材料一、学生见材料三）				
		3	抄写36个四会单词、6个词组	3-1 描红所给的单词或词组（见材料四）				

(续表)

一级目标	二级目标	评估项目		评估内容/方法	评估记录	评估结果与分析		结论与建议
		序号	项目			得分	分析	
	4.2 能正确、工整、清楚地写出已学的问候语和祝福语	4	根据情境，写出问候语和祝福语	4-1 根据情境和对话，写出正确的问候和祝福语（见材料五）				
		5	根据情境，补全问候语和祝福语	5-1 根据情境和对话，补全问候语和祝福语（见材料六）				
	4.3 能根据本册所学的内容，在图片、词语或例句的提示下，围绕一个话题，写出50词左右的小短文	6	根据提示，围绕话题，写出短文	6-1 根据导图和短语提示，用一般将来时写出你的假期计划，描述不少于50词（见材料七）				
		7	根据提示，围绕话题，补全短文	7-1 根据导图和短语提示，用一般将来时补全短文，描述你的假期计划，不少于50词（见材料八）				

131

普通学校特殊需要学生课程评估工具

评估材料　六年级　语文　数学　英语

Curriculum Assessment Tools for Students with Special Needs in General Primary Schools

王　辉　宋修玲　著

编写团队（按姓氏笔画排序）
王淑琴　王　霞　刘　婷　刘加芳
刘晓慧　芮代琴　李月月　吴振兰
宋晓杰　张　华　张　琳　茅　成
赵　莉　赵　敏　顾　静　钱正慧
翁丽丽　唐宁宁　黄永志　彭益珍

南京大学出版社

图书在版编目（CIP）数据

普通学校特殊需要学生课程评估工具. 六年级 / 王辉, 宋修玲著. -- 南京：南京大学出版社, 2023.4
ISBN 978-7-305-26757-4

Ⅰ. ①普… Ⅱ. ①王… ②宋… Ⅲ. ①特殊教育 – 课程 – 评价 Ⅳ. ① G76

中国国家版本馆 CIP 数据核字（2023）第 035666 号

出版发行	南京大学出版社
社　　址	南京市汉口路22号　　邮　编　210093
出 版 人	金鑫荣

书　　名 普通学校特殊需要学生课程评估工具. 六年级
著　　者 王　辉　宋修玲
责任编辑 丁　群

照　　排	南京新华丰制版有限公司
印　　刷	南京凯德印刷有限公司
开　　本	787×1092　1/16　印张 26.25　字数 400 千
版　　次	2023年4月第1版　2023年4月第1次印刷
ISBN	978-7-305-26757-4
定　　价	150.00元

网　　址	http://www.njupco.com
官方微博	http://weibo.com/njupco
微信服务	njuyuexue
销售热线	（025）83594756

*版权所有，侵权必究
*凡购买南大版图书，如有印装质量问题，请与所购图书销售部门联系调换

目 录

语文·六年级（上册）
识字与写字领域 ·· 3
阅读领域 ·· 14
口语交际领域 ·· 27
习作领域 ·· 31

语文·六年级（下册）
识字与写字领域 ·· 41
阅读领域 ·· 52
口语交际领域 ·· 68
习作领域 ·· 71

数学·六年级（上册）
数与代数领域 ·· 79
图形与几何领域 ·· 102

数学·六年级（下册）
数与代数领域 ·· 115

图形与几何领域 ·· 131

统计与概率领域 ·· 143

英语·六年级（上册）

听做领域 ·· 151

说唱领域 ·· 157

认读领域 ·· 186

书写领域 ·· 197

英语·六年级（下册）

听做领域 ·· 210

说唱领域 ·· 216

认读领域 ·· 246

书写领域 ·· 257

语文·六年级
（上册）

编写人员：

顾 静　王淑琴　唐宁宁　彭益珍　钱正慧　张 琳
张 华　赵 莉

绘图：

张劲松

学　校：_____　　　年　级：_____

姓　名：_____　　　出生日期：_____

评估者：_____　　　评估时间：_____

评估标准：

　　3分：独立完成单一知识/技能；或独立完成多重知识/技能100%。

　　2分：独立完成或在单一支持下完成多重知识/技能60%及以上；或在单一支持下完成单一知识/技能。

　　1分：独立完成或在多重支持下完成多重知识/技能20%～60%以内；或在多重支持下完成单一知识/技能。

　　0分：独立完成或在多重支持下完成多重知识/技能20%以下；或在多重支持下无法完成单一知识/技能。

识字与写字领域

材料一：

3-1 书写听到的汉字

材料二：

4-1 仿写汉字

毯		陈		裳		虹		蹄	
腐		稍		微		缀		窥	
幽		雅		案		拙		薄	
糊		蕾		襟		恍		怨	
德		鹊		蝉		律		崖	
渡		索		寇		副		榴	
弹		抡		贯		棋		悬	
沸		涧		雹		屹		悦	
屈		政		府		宾		栏	
汇		爆		宣		帜		阅	

制		坦		距		隆		射	
凛		疙		瘩		棍		裁	
筹		橡		雕		跺		颁	
沮		丧		趴		屈		谜	
尚		氧		倾		揭		斑	
燥		漠		磁		抵		御	
素		盗		培		咆		哮	
嗓		淌		哑		揪		呻	
废		汹		涌		澎		湃	
熄		掀		困		唉		淋	

嘿		糟		嘛		皱		勺	
棚		苔		藓		坪		蔗	
瀑		增		缝		谚		袖	
篷		缩		疯		瓦		柜	
喧		甩		嚷		酱		唇	
蹦		梯		涯		莺		莹	
裹		篮		陡		蔼		资	
矿		慷		慨		贡		滥	
基		睹		哉		巍		弦	
锦		曝		矣		谱		莱	

茵		盲		纯		键		缕	
陶		郑		拜		租		厨	
毡		羞		撒		缚		猬	
伶		俐		窜		搁		综	
澄		萍		藻		漾		焰	
削		瞬		凝		骤		掷	

材料三：

5-1 描写汉字

毯	陈	裳	虹	蹄	腐	稍	微	缀	窥
幽	雅	案	拙	薄	糊	蕾	襟	恍	怨
德	鹊	蝉	律	崖	渡	索	寇	副	榴
弹	抡	贯	棋	悬	沸	涧	雹	屹	悦
屈	政	府	宾	栏	汇	爆	宣	帜	阅
制	坦	距	隆	射	凛	疙	瘩	棍	裁
筹	橡	雕	跺	颊	沮	丧	趴	屉	谜
尚	氧	倾	揭	斑	燥	漠	磁	抵	御
素	盗	培	咆	哮	嗓	淌	哑	揪	呻
废	缚	汹	涌	澎	湃	熄	掀	困	唉

淋	嘿	糟	嘛	皱	勺	棚	苔	藓	坪
蔗	瀑	增	缝	谚	袖	篷	缩	疯	瓦
柜	喧	甩	嚷	酱	唇	蹦	梯	涯	莺
莹	裹	篮	蔼	资	矿	慷	慨	贡	滥
基	睹	哉	巍	弦	锦	曝	矣	谱	莱
茵	盲	纯	键	缕	陶	郑	拜	租	厨
毡	羞	撒	猬	伶	俐	窜	搁	综	澄
萍	藻	漾	焰	削	瞬	凝	骤	掷	陡

材料四：

7-1 点评书写作品

江畔独步寻花
[唐]杜甫
黄师塔前江水东,
春光懒困倚微风。
桃花一簇开无主,
可爱深红爱浅红?

材料五：

8-1 书写一篇作品

书写要求：

1. 注意行款整齐、布局合理。

2. 书写要正确，不出现错别字和不规范的字。

3. 养成自我检视的习惯，不断提高书写水平。

材料六：

9-1 说出"柳体"书法作品特点

10-1 用毛笔临摹书法作品

阅读领域

材料一：

1~6 文章《郑成功》第5自然段、《詹天佑》第6自然段

郑成功（第5自然段）

　　荷兰侵略者凭借高大坚固的铁甲舰和舰上的大炮，企图负隅顽抗。英勇的郑军官兵冒着敌人密集的炮火，驾着舰船向敌军舰队冲去。他们将敌舰团团围住，使敌人的大炮失去了威力。随着"轰隆"一声巨响，所有的舰船都震动起来，海面上掀起十几丈高的水柱。原来是一个炮手瞄准敌舰放了一炮，刚巧打中了弹药库。那艘敌舰被炸成许多碎片，飞向天空。敌人惊恐万状，敌军舰队乱作一团。郑军官兵乘势用钩子钩住敌舰，一个个跳了上去。敌舰官兵无法逃脱，只好统统举手投降。

詹天佑（第6自然段）

铁路经过青龙桥附近,坡度特别大。火车怎么才能爬上这样的陡坡呢?詹天佑顺着山势,设计了一种"人"字形线路。北上的列车到了南口就用两个火车头,一个在前面拉,一个在后面推。过青龙桥,列车向东北前进,过了"人"字形线路的岔道口就倒过来,原先推的火车头拉,原先拉的火车头推,使列车折向西北前进。这样一来,火车上山就容易多了。

材料二：

7~18 文章《郑成功》

郑成功

民族英雄郑成功是福建省南安县人。

明朝末年，荷兰侵略者强占了我国的宝岛台湾。他们残酷地奴役台湾同胞，台湾人民恨透了这伙强盗。

当时，郑成功驻军厦门。一天，他登上军营附近的一座山头，临风眺望。郑成功指着东南方向问卫兵："那是什么地方？"卫兵说："是大海。""大海那边呢？"卫兵说："是宝岛台湾呀！"郑成功慷慨激昂地说："台湾自古以来就是中国的领土，绝不允许侵略者横行霸道。我们一定要收复祖国的宝岛台湾！"

郑成功在厦门修造船只，聚集粮草，加紧操练海军。渡海东征的这一天终于来到了。郑成功在一群将领的簇拥下，站在船楼上四处瞭望。这支在滔滔海浪中前进的庞大舰队，前后绵延十几里，风帆蔽空，战旗招展。郑成功看到自己亲手训练的海军纪律严明，军容整肃，充满了必胜的信心。

荷兰侵略者凭借高大坚固的铁甲舰和舰上的大炮，企图负隅顽抗。英勇的郑军官兵冒着敌人密集的炮火，驾着舰船向敌军舰队冲去。他们将敌舰团团围住，使敌人的大炮失去了威力。随着"轰隆"一声巨响，所有的舰船都震动起来，海面上掀起十几丈高的水柱。原来是一个炮手瞄准敌舰放了一炮，刚巧打中了弹药库。那艘敌舰被炸成许多碎片，飞向天空。敌人惊恐万状，敌军舰队乱作一团。郑军官兵乘势用钩子钩住敌舰，一个个跳了上去。敌舰官兵无法逃脱，只好统统举手投降。

台湾同胞听说郑成功的军队到了，个个喜出望外。他们把粮食、海鲜、蔬菜和茶叶送来慰劳郑军官兵。高山族的酋长特地送来了鹿皮和兽肉，要见郑成功。郑成功赠给他们绸布和烟草，表示谢意。街头巷尾，鞭炮之声不绝，人们载歌载舞，欢庆胜利。

郑成功收复台湾以后，大力发展生产。他派人把汉族农民用的犁、耙、锄、镰刀等农具，送到高山族弟兄手里。高山族弟兄逐渐学会了农业生产的新技术，生活得到明显改善。

从祖国内地来到台湾的，有不少爱国的读书人，郑成功让他们办起了学校。他还规定高山族子弟读书可以免除徭役。这样一来，高山族和汉族的关系更融洽了。

民族英雄郑成功收复台湾、建设台湾的伟大功业，是我们永远也不会忘记的。

7-1 浏览《郑成功》，说出/比划出郑成功建设台湾的两件实事

8-1 浏览《郑成功》，在提示下说出/比划出郑成功建设台湾的两件实事

　　提示：文章第7、8自然段写了郑成功建设台湾的哪两件实事？

9-1 根据想象，说出/比划出以下文字描绘的画面

　　随着"轰隆"一声巨响，所有的舰船都震动起来，海面上掀起十几丈高的水柱。

10-1 在提示下根据想象，说出/比划出以下文字描绘的画面

　　随着"轰隆"一声巨响，所有的舰船都震动起来，海面上掀起十几丈高的水柱。

　　提示："震动"是什么意思？"十几丈高的水柱"是什么样的？

11-1 说出/比划出郑成功对荷兰侵略者强占我国宝岛台湾的观点

12-1 在提示下说出/比划出郑成功对荷兰侵略者强占我国宝岛台湾的观点

　　提示：台湾自古以来就是中国的领土，能允许侵略者强占吗？

13-1 说出/比划出《郑成功》第5自然段是怎样点面结合写场面的

14-1 在提示下说出/比划出《郑成功》第5自然段是怎样点面结合写场面的

　　提示：

　　1.第5自然段写了什么？

　　2."随着'轰隆'一声巨响，所有的舰船都震动起来，海面上掀起十几丈高的水柱。原来是一个炮手瞄准敌舰放了一炮，刚巧打中了弹药库。"这两句话写了什么？

15-1 关注郑成功收复台湾、建设台湾的情节，说出/比划出郑成功是一个怎样的人

16-1 在提示下关注郑成功收复台湾、建设台湾的情节，说出/比划出郑成功是一个怎样的人

  提示：郑成功下定决定要收复台湾，加紧修造船只，聚集粮草，操练海军，与荷兰侵略者展开激烈的战斗，最终取得胜利。收复台湾以后，郑成功还大力发展生产、兴办教育，让台湾人民过上了更好的生活。从中你感受到郑成功是一个怎样的人？

17-1、18-1 借助相关资料，说出/比划出《郑成功》的主要内容

  相关资料：台湾省，简称"台"，是中华人民共和国省级行政区。台湾是中国不可分割的一部分。海峡两岸同胞同根同源、同文同种。三国孙吴政权和隋朝时期都曾先后派万余人去台。明末清初以来大量福建南部和广东东部居民移垦台湾，最终形成以汉族为主体的社会。中国历代政府对台湾行使管辖权。

材料三：

19~22 古诗《西江月·夜行黄沙道中》

西江月①·夜行黄沙道中②

[宋]辛弃疾

明月别枝③惊鹊，清风半夜鸣蝉。

稻花香里说丰年，听取蛙声一片。

七八个星天外，两三点雨山前。

旧时茅店④社林⑤边，路转溪桥忽见⑥。

①〔西江月〕词牌名。
②〔夜行黄沙道中〕词题。黄沙脚黄沙岭。在今江西上饶的西面。
③〔别枝〕黄斜的树枝。
④〔茅店〕用茅草盖的旅舍。
⑤〔社林〕社庙丛林。社，社庙，土地庙。
⑥〔见〕同"现"。

19-1 发挥想象，说出/比划出《西江月·夜行黄沙道中》描绘的画面

20-1 在提示下发挥想象，说出/比划出《西江月·夜行黄沙道中》描绘的画面

21-1 说出/比划出《西江月·夜行黄沙道中》表达的美好情感

22-1 在提示下说出/比划出《西江月·夜行黄沙道中》表达的美好情感

提示：天边的明月升上了树梢，惊飞了栖息在枝头的喜鹊。清凉的晚风仿佛吹来了远处的蝉叫声。在稻花的香气里，人们谈论着丰收的年景，耳边传来一阵阵青蛙的叫声，好像在说着丰收年。天空中轻云漂浮，闪烁的星星时隐时现，山前下起了淅淅沥沥的小雨，从前那熟悉的茅店小屋依然坐落在土地庙附近的树林中。拐了个弯，茅店忽然出现在眼前。

材料四：

23~24 诗文《宿建德江》《六月二十七日望湖楼醉书》《西江月·夜行黄沙道中》《过故人庄》《七律长征》《春日》《回乡偶书》《浪淘沙（其一）》《江南春》《书湖阴先生壁》

宿建德江

［唐］孟浩然

移舟泊烟渚，日暮客愁新。

野旷天低树，江清月近人。

六月二十七日望湖楼醉书

［宋］苏轼

黑云翻墨未遮山，白雨跳珠乱入船。

卷地风来忽吹散，望湖楼下水如天。

西江月·夜行黄沙道中

〔宋〕辛弃疾

明月别枝惊鹊,清风半夜鸣蝉。

稻花香里说丰年,听取蛙声一片。

七八个星天外,两三点雨山前。

旧时茅店社林边,路转溪桥忽见。

过故人庄

〔唐〕孟浩然

故人具鸡黍,邀我至田家。

绿树村边合,青山郭外斜。

开轩面场圃,把酒话桑麻。

待到重阳日,还来就菊花。

七律长征

毛泽东

红军不怕远征难,万水千山只等闲。

五岭逶迤腾细浪,乌蒙磅礴走泥丸。

金沙水拍云崖暖,大渡桥横铁索寒。

更喜岷山千里雪,三军过后尽开颜。

春日

〔宋〕朱熹

胜日寻芳泗水滨,无边光景一时新。

等闲识得东风面,万紫千红总是春。

回乡偶书

〔唐〕贺知章

少小离家老大回,乡音无改鬓毛衰。

儿童相见不相识,笑问客从何处来。

浪淘沙（其一）

［唐］刘禹锡

九曲黄河万里沙，浪淘风簸自天涯。

如今直上银河去，同到牵牛织女家。

江南春

［唐］杜牧

千里莺啼绿映红，水村山郭酒旗风。

南朝四百八十寺，多少楼台烟雨中。

书湖阴先生壁

［宋］王安石

茅檐长扫净无苔，花木成畦手自栽。

一水护田将绿绕，两山排闼送青来。

口语交际领域

材料一：

1-1/2-1/7-1/8-1

意见不同怎么办

对生活中的很多事情，大家的意见会有分歧，需要协商才能解决。如，班级是否安监控系统？小学生是否能使用手机？

分小组，选择一则材料进行讨论。讨论时，小组成员分别选择一个角度，从这个角度出发阐述对这个问题的看法。听到不同意见，要换位思考，积极沟通。

材料二：

3-1/4-1/15-1/16-1

请你支持我

有时候，我们需要说服别人支持我们做一件事情。

从下面的任务中选择一个，试着说服别人支持你。

◇ 说服爷爷，在阴雨天尽量少出门。

◇ 说服同学，中午要午睡。

◇ 说服校长，放学后开放一小时篮球馆。

最后和同学交流：面对不同的人，解决不同的问题，需要特别注意些什么？

材料三：

5-1/6-1/13-1/14-1

聊聊国画

国画是中国的传统绘画形式，散发着艺术的魅力，受到人们的喜爱和珍视。今天，我们一起来聊聊国画吧！

可以先搜集资料，做好准备。

和同学交流的时候，表述要清楚。结合图片、实物，能让你的讲述更加生动。

材料四：

9-1/10-1/11-1/12-1

演讲

你做过演讲吗？

让我们在班上开展一次演讲活动。可以从下面选择一个话题范围，也可以自定。

> 理想　　　童年　　　乐趣

根据演讲的内容，拟定一个题目。

做好演讲，首先要写好演讲稿。什么样的演讲稿才有说服力呢？观点要鲜明。

演讲稿写好后，可以自己先练习一下，试试怎样演讲更好。演讲后，听听大家的建议，提高自己的演讲水平。

习作领域

材料一：

1-1/2-1 写一个活动场面

庄严的升旗仪式、趣味运动会、课外小游戏……生活中有许多令我们难忘的场面。请你选择印象深刻的一个场面，运用"点面结合"的写法写一写，注意按一定顺序把场面写具体、写清楚，题目自拟。

材料二：

3-1/4-1 写一次自己的生活体验

题目：假期因_____而精彩

暑假、寒假、五一假期、国庆假期、端午假期、中秋假期……每年我们都有许多假期。想一想你的某个假期因什么而精彩，它是怎样影响你的假期生活的，为什么让你的假期变得精彩。

先把题目补充完整，再结合自己的生活体验，完成这次习作。写的时候要把原因写清楚。

材料三：

5-1/6-1 写自己的一种爱好

在班级里，你的成绩也许并不起眼，然而，在操场上，你的球技却能让人大开眼界；在舞台上，你的歌声也许并不悠扬，然而，在宣传窗里，你的绘画作品却令人赞叹不绝……生活中，每位同学都有自己的独特世界，也有自己的个性特长或爱好。

请以"我是一个_____迷"为题，写一写自己的爱好。先将题目补充完整，再完成习作。

材料四：

7-1/8-1 围绕中心意思写生活中发生的事情

题目：那些_____的时光

要求：把题目补充完整（如美好、快乐、感动、忙碌、奇妙……），围绕你想表达的中心意思选择不同事例来描写，写出自己的真情实感。

材料五：

9-1/10-1 写一个人的具体事例，表达自己对他（她）的情感

题目：忘不了你的_____

在生活中，一定有不少人曾经给过你帮助、关心、照顾……选择其中对你影响最大的一个人的一两件事来写一写吧。拿起手中的笔先把题目补充完整，叙事要清楚具体，表达出你对他（她）真挚的情感。

材料六：

11-1/12-1 写一个想象故事

请把自己想象成大自然中的一员，以《我是_____》为题，展开丰富想象，写一个故事。先把题目补充完整（如：我是雨点儿、我是南极小企鹅、我是一条小溪流、我是会眨眼睛的星星……），然后有条理地把故事写下来，要求内容具体、重点突出。

材料七：

13-1/14-1 创编一个生活故事

请你利用下面提供的环境和人物，展开丰富的想象，创编故事。

环境：拥挤的地铁车厢内

人物：赶着去上学的林林和他的妈妈

　　　身后背着双肩包的年轻女子

　　　手里拿着一本杂志的时尚男青年

　　　穿着灰色工人制服的中年男子

材料八：

15-1/16-1 写一份倡议书

十字路口行人乱闯红灯，街道两旁共享单车乱停乱放，小区里居民垃圾不分类投放……在我们的身边，各种不文明的现象破坏了我们的美好生活。请就某一社会现象写一份倡议书，要求格式正确，内容清楚。

语文·六年级
（下册）

编写人员：

钱正慧　唐宁宁　张　琳　彭益珍　王淑琴　赵　莉
顾　静　张　华

绘图：

张劲松

学　　校：_____　　年　　级：_____
姓　　名：_____　　出生日期：_____
评 估 者：_____　　评估时间：_____

评估标准：

　　3 分：独立完成单一知识/技能；或独立完成多重知识/技能 100%。

　　2 分：独立完成或在单一支持下完成多重知识/技能 60% 及以上；或在单一支持下完成单一知识/技能。

　　1 分：独立完成或在多重支持下完成多重知识/技能 20%～60% 以内；或在多重支持下完成单一知识/技能。

　　0 分：独立完成或在多重支持下完成多重知识/技能 20% 以下；或在多重支持下无法完成单一知识/技能。

识字与写字领域

材料一：

3-1 书写听到的汉字

材料二：

4-1 仿写汉字

蒜		醋		饺		摊		拌	
眨		宵		燃		贩		彼	
贺		轿		骆		驼		恰	
腊		粥		咽		匙		盏	
搅		稠		肿		熬		褐	
缸		脏		筷		侯		皎	
章		泣		盈		脉		栖	
鸦		惧		凄		寞		宴	
霉		籍		聊		乏		栅	
控		贷		剔		毙		袭	

覆		藏		挪		徘		徊	
蒸		裸		媚		砖		蚁	
叨		绊		绞		耽		揉	
绽		搓		惶		吻		偎	
络		锤		凿		焚		稚	
避		峻		啪		瞪		僻	
瞅		靴		魔		刑		哼	
绑		啃		袍		执		彻	
迁		泰		迫		批		标	
牺		炊		葬		援		俱	

44

弗		辩		域		惯		圄	
盐		溅		蕊		魏		搜	
蚯		蚓		版		阶		脆	
拦		玻		璃		恶		怖	

材料三：

5-1 描写汉字

蒜	醋	饺	摊	拌	眨	宵	燃	贩	彼
贺	轿	骆	驼	恰	腊	粥	咽	匙	盏
搅	稠	肿	熬	褐	缸	脏	筷	侯	皎
章	泣	盈	脉	栖	鸦	惧	凄	寞	宴
霉	籍	聊	乏	栅	控	贷	剔	毙	袭
覆	藏	挪	徘	徊	蒸	裸	媚	砖	蚁
叨	绊	绞	耽	揉	绽	搓	惶	吻	偎
络	锤	凿	焚	稚	避	峻	啪	瞪	僻
瞅	靴	魔	刑	哼	绑	啃	袍	执	彻
迁	泰	迫	批	标	牺	炊	葬	援	俱

46

| 弗 | 辩 | 域 | 惯 | 囵 | 盐 | 溅 | 蕊 | 魏 | 搜 |

| 蚯 | 蚓 | 版 | 阶 | 脆 | 拦 | 玻 | 璃 | 恶 | 怖 |

材料四：

7-1 说出/比划出"行楷"的书写特点

> 我就生长在这样一个小城里，将近十五岁时方离开。出门两年半回过那小城一次以后，直到现在为止，那城门我还没再进去过。但那地方我是熟悉的。现在还有许多人生活在那个城市里，我却常常生活在那个小城过去给我的印象里。
>
> ——沈从文

材料五：

8-1 指出"行楷"书法作品

材料六：

9-1 抄写作品

> 我就生长在这样一个小城里，将近十五岁时方离开。出门两年半回过那小城一次以后，直到现在为止，那城门我还没再进去过。但那地方我是熟悉的。现在还有许多人生活在那个城市里，我却常常生活在那个小城过去给我的印象里。
>
> —— 沈从文

材料七：

10-1 说出"赵体"书法作品特点
11-1 用毛笔临摹书法作品

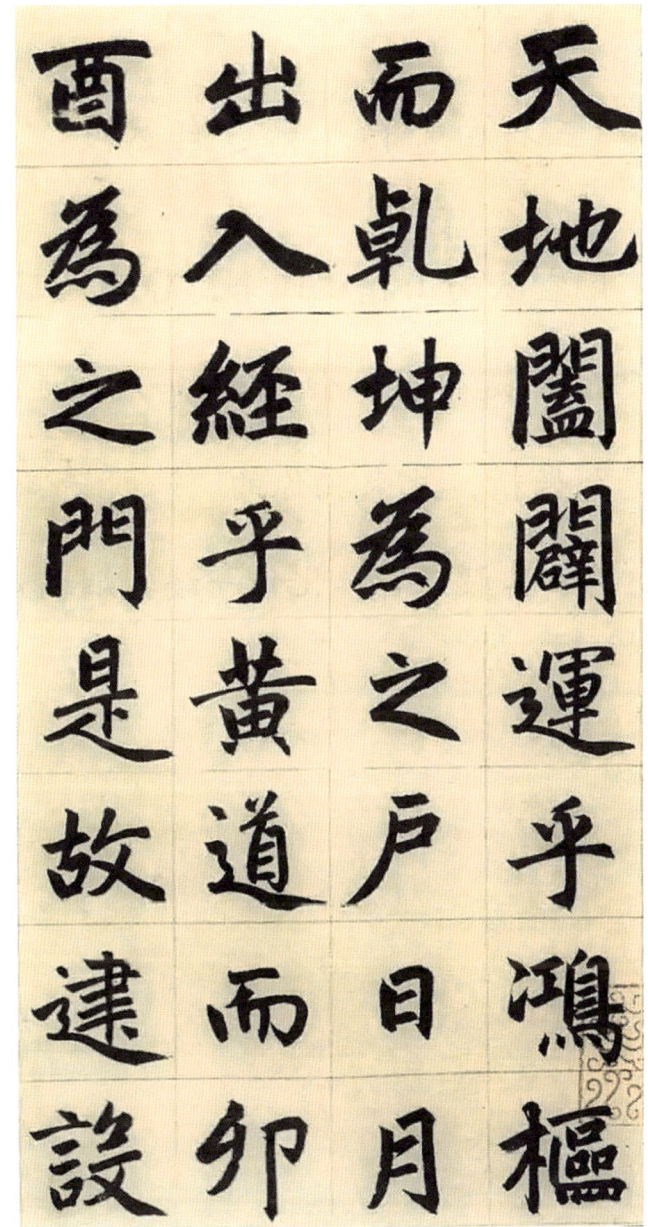

阅读领域

材料一：

1~6 文章《三打白骨精》第3自然段、《夹竹桃》第5自然段

《三打白骨精》第 3 自然段

　　正在这时，悟空从南山摘桃回来，睁开火眼金睛一看，认出村姑是个妖精，举起金箍棒当头就打。唐僧连忙扯住悟空。悟空说："它是个妖精，是来骗你的。"说着，就朝妖精劈脸一棒。妖精扔下一具假尸首，化作一缕轻烟逃走了。

《夹竹桃》第5自然段

　　但是夹竹桃的妙处还不止于此。我特别喜欢月光下的夹竹桃。你站在它下面，花朵是一团模糊；但是香气却毫不含糊，浓浓烈烈地从花枝上袭了下来。它把影子投到墙上，叶影参差，花影迷离，可以引起我许多幻想。我幻想它是地图，它居然就是地图了。这一堆影子是亚洲，那一堆影子是非洲，中间空白的地方是大海。碰巧有几只小虫子爬过，这就是远渡重洋的海轮。我幻想它是水中荇(xing)藻，我眼前就真的展现出一个小池塘。夜蛾飞过，映在墙上的影子就是游鱼。我幻想它是一幅墨竹，我就真看到一幅画。微风乍起，叶影吹动，这一幅画竟变成活画了。

材料二：

7~8、13~18 文章《三打白骨精》（选自苏教版六年级下册 教育部2018年第13版）

三打白骨精

一天，唐僧师徒四人来到一座高山前，只见山势险峻，峰岩重叠。走了一天的路，唐僧感觉饥饿，就让孙悟空去找些吃的。悟空跳上云端，四处观看，见南山有熟透的山桃，便要摘些来给师父充饥。

悟空刚走，唐僧就被妖怪白骨精发现了。白骨精不胜欢喜，自言自语道："造化！造化！都说吃了唐僧肉可以长生不老。今天机会来了！"它正要上前，见唐僧身边有猪八戒和沙僧保护，就摇身变作美貌的村姑，拎了一罐斋饭，径直走到唐僧面前，说是特地来请他们用斋的。唐僧一再推辞，八戒嘴chán馋，夺过罐子就要动口。

正在这时，悟空从南山摘桃回来，睁开火眼金睛一看，认出村姑是个妖精，举起金箍棒当头就打。唐僧连忙扯住悟空。悟空说："它是个妖精，是来骗你的。"说着，就朝妖精劈脸一棒。妖精扔下一具假尸首，化作一缕轻烟逃走了。

唐僧责怪悟空无故伤人性命。悟空打开罐子，从里面跳出来几只青蛙、癞蛤蟆，根本没有什么斋饭。唐僧这才有些相信那村姑是妖怪。

师徒们吃了桃子继续赶路。山坡上闪出一个年满八旬的老妇人，手拄着弯头竹杖，一步一声地哭着走来。悟空见又是那妖精变的，也不说话，当头就是一棒。白骨精见棍棒落下，又用法术脱了身，丢了具假尸首在路上。

唐僧一见，惊得从马上摔下来，坐在地上，不由分说，一口气念了二十遍紧箍咒。悟空头痛难忍，连忙哀告。唐僧喝道："你为何不听劝说，把人打死一个，又打死一个？""它是妖精！"唐僧非常生气："胡说！哪有那么多妖精！你无心向善，有意作恶，你去吧！"悟空说："师父若真不要我，就请退下我头上的金箍儿！"唐僧大惊："我只学过紧箍咒，却没有什么松箍咒！"悟空说："若无松箍咒，你还带我走吧。"唐僧无奈："我再饶你这一次，但不可再行凶了。"悟空忙点头答应，扶着唐僧上了马，继续前行。

白骨精不甘心就这样让唐僧走了，又变成一个白发老公公，假装来找他的妻子和女儿。悟空把金箍棒藏在身边，走上前迎着妖精，笑道："你瞒得了别人，瞒不过我！我认得你这个妖精。"悟空抽出金箍棒，怕师父念咒语，没有立刻动手，暗中叫来众神，吩咐道："这妖精三番两次来蒙骗我师父，这一次定要打死它。你们在半空中作证。"众神都在云端看着。悟空抡起金箍棒，一棒打死了妖精。妖精化作一堆骷髅(kū lóu)，脊梁上有一行字，写着白骨夫人。

7-1、8-1 默读文章《三打白骨精》，边读边画出具体写孙悟空打白骨精的句子（评估者记时）

13-1 说出/比划出《三打白骨精》的事件梗概

14-1 在提示下说出/比划出《三打白骨精》的事件梗概

  提示：说说每个自然段写了什么？

15-1 读《三打白骨精》，说出/比划出自己对印象深刻的人物和情节的感受

16-1 读《三打白骨精》，在提示下说出/比划出自己对印象深刻的人物和情节的感受

  提示：先让学生划出自己印象深刻的人物和情节，再让学生说感受

17-1 说出/比划出《三打白骨精》用哪些具体事例说明孙悟空的机智

18-1 在提示下说出/比划出《三打白骨精》用哪些具体事例说明孙悟空的机智

  提示：先让学生在文章第6、7自然段中画出表现孙悟空机智的句子，然后让学生说出/比划出文章如何用具体事例说明孙悟空的机智

材料三：

9～12、19～20 文章《夹竹桃》（选自苏教版六年级下册 教育部2018年第13版）

夹竹桃

夹竹桃不是名贵的花，也不是最美丽的花，但是对我来说，它却是最值得留恋最值得回忆的花。

我们家的大门内也有两盆夹竹桃，一盆红色的，一盆白色的。红色的花朵让我想到火，白色的花朵让我想到雪。火与雪是不相容的，但是这两盆花却融洽地开在一起，宛如火上有雪，或雪上有火。我的心里觉得这景象十分奇妙，十分有趣。

我们家里一向是喜欢花的，虽然没有什么非常名贵的花，但是常见的花却是应有尽有。每年春天，迎春花首先开出黄色的小花，报告春的消息。以后接着来的是桃花、杏花、海棠、榆叶梅、丁香等等，院子里开得花团锦簇。到了夏天，更是满院生辉。凤仙花、石竹花、鸡冠花、五色梅、江西腊等等，五彩缤纷，美不胜收。夜来香的香气熏透了整个夏夜的庭院，是我什么时候也不会忘记的。一到秋天，玉簪(zān)花带来凄清的寒意，菊花则在秋风中怒放。一年三季，花开花落，万紫千红。

然而，在一墙之隔的大门内，夹竹桃却在那里悄悄地一声不响，一朵花败了，又开出一朵，一嘟噜花黄了，又长出一嘟噜。在和煦的春风里，在盛夏的暴雨里，在深秋的清冷里，看不出有什么特别茂盛的时候，也看不出有什么特别衰败的时候，无日不迎风吐艳。从春天一直到秋天，从迎春花一直到玉簪花和菊花，无不奉陪。这一点韧性，同院子里那些花比起来，不是显得非常可贵吗？

　　但是夹竹桃的妙处还不止于此。我特别喜欢月光下的夹竹桃。你站在它下面，花朵是一团模糊；但是香气却毫不含糊，浓浓烈烈地从花枝上袭了下来。它把影子投到墙上，叶影参差，花影迷离，可以引起我许多幻想。我幻想它是地图，它居然就是地图了。这一堆影子是亚洲，那一堆影子是非洲，中间空白的地方是大海。碰巧有几只小虫子爬过，这就是远渡重洋的海轮。我幻想它是水中荇(xìng)藻，我眼前就真的展现出一个小池塘。夜蛾飞过，映在墙上的影子就是游鱼。我幻想它是一幅墨竹，我就真看到一幅画。微风乍起，叶影吹动，这一幅画竟活变成活画了。

这样的韧性，又能这样引起我许多的幻想，我爱上了夹竹桃。

9-1 读《夹竹桃》，说出/比划出文章内容的主次

10-1 读《夹竹桃》，在提示下说出/比划出文章内容的主次

　　提示：《夹竹桃》第3自然段写了什么花，其他自然段写了什么花？

11-1 读《夹竹桃》，说出/比划出作者是如何详写夹竹桃的

12-1 读《夹竹桃》，在提示下说出/比划出作者是如何详写夹竹桃的

　　提示：文章《夹竹桃》第1、2、4、5自然段分别写了什么？

19-1/20-1 在提示下给句子填上合适的标点符号

　　　　　　　；　　　　　　　。

　　我特别喜欢月光下的夹竹桃（　　）你站在它下面，花朵是一团模糊（　　）但是香气却毫不含糊，浓浓烈烈地从花枝上袭了下来（　　）

材料四：

21～22 诗文《寒食》《迢迢牵牛星》《十五夜望月》《长歌行》《马诗》《石灰吟》《竹石》《采薇》《送元二使安西》《春夜喜雨》《早春呈水部张十八员外》《江上渔者》《泊船瓜洲》《游园不值》《卜算子·送鲍浩然之浙东》《浣溪沙》《清平乐》

寒食

［唐］韩翃

春城无处不飞花，寒食东风御柳斜。

日暮汉宫传蜡烛，轻烟散入五侯家。

迢迢牵牛星

迢迢牵牛星，皎皎河汉女。

纤纤擢素手，札札弄机杼。

终日不成章，泣涕零如雨。

河汉清且浅，相去复几许。

盈盈一水间，脉脉不得语。

十五夜望月

〔唐〕王建

中庭地白树栖鸦,冷露无声湿桂花。

今夜月明人尽望,不知秋思落谁家。

长歌行

〔两汉〕汉乐府

青青园中葵,朝露待日晞。

阳春布德泽,万物生光辉。

常恐秋节至,焜黄华叶衰。

百川东到海,何时复西归?

少壮不努力,老大徒伤悲!

马诗

〔唐〕李贺

大漠沙如雪，燕山月似钩。

何当金络脑，快走踏清秋。

石灰吟

〔明〕于谦

千锤万凿出深山，烈火焚烧若等闲。

粉骨碎身浑不怕，要留清白在人间。

竹石

〔清〕郑燮

咬定青山不放松，立根原在破岩中。

千磨万击还坚劲，任尔东西南北风。

采薇

昔我往矣，

杨柳依依。

今我来思，

雨雪霏霏。

行道迟迟，

载渴载饥。

我心伤悲，

莫知我哀！

送元二使安西

［唐］王维

渭城朝雨浥轻尘，客舍青青柳色新。

劝君更尽一杯酒，西出阳关无故人。

春夜喜雨

［唐］杜甫

好雨知时节，当春乃发生。

随风潜入夜，润物细无声。

野径云俱黑，江船火独明。

晓看红湿处，花重锦官城。

早春呈水部张十八员外

［唐］韩愈

天街小雨润如酥，草色遥看近却无。

最是一年春好处，绝胜烟柳满皇都。

江上渔者

［宋］范仲淹

江上往来人，但爱鲈鱼美。

君看一叶舟，出没风波里。

泊船瓜洲

［宋］王安石

京口瓜洲一水间，钟山只隔数重山。

春风又绿江南岸，明月何时照我还。

游园不值

［宋］叶绍翁

应怜屐齿印苍苔，小扣柴扉久不开。

春色满园关不住，一枝红杏出墙来。

卜算子·送鲍浩然之浙东

［宋］王观

水是眼波横，山是眉峰聚。欲问行人去那边？眉眼盈盈处。

才始送春归，又送君归去。若到江南赶上春，千万和春住。

浣溪沙

〔宋〕苏轼

游蕲水清泉寺,寺临兰溪,溪水西流。

山下兰芽短浸溪,松间沙路净无泥,萧萧暮雨子规啼。

谁道人生无再少?门前流水尚能西!休将白发唱黄鸡。

清平乐

〔宋〕黄庭坚

春归何处?寂寞无行路。若有人知春去处,唤取归来同住。

春无踪迹谁知?除非问取黄鹂。百啭无人能解,因风飞过蔷薇。

口语交际领域

材料一：
1-1/2-1/3-1/4-1

同读一本书

阅读往往能唤起读者独特的感受，即使读同一本书，不同的读者，心得体会也可能不一样。让我们一起来开展班级读书会，围绕同一本书交流读书心得，分享阅读的收获。

选择一两个大家感兴趣的、值得讨论的话题展开深入交流。

交流之前，想想围绕话题谈论哪些具体内容。可以借助批注梳理思路，深入地表达自己的想法或观点。要以内容为依据，从书中找出例子来说明自己的观点。要勇于表达自己的真实想法，哪怕你的想法与大多数人都不一样。

交流时，认真听别人的发言，准确地理解别人的想法。对于不同的想法，想想他们的理由是什么。

和同学分享交流之后，说说你对这本书有了哪些新的想法。

材料二：

5-1/6-1/9-1/10-1

辩论

在日常生活中，我们常常会遇到一些容易产生分歧的问题，如：

◇课堂让老师/学生做主

◇学生该/不该参加课外辅导

对于这样的问题，可以展开辩论，通过摆事实、讲道理来丰富认识，帮助我们全面地看待事情、处理问题。

我们来开一次辩论会吧！分小组任选一个感兴趣的辩题，然后每个人抽签决定做正方还是反方。也可以全班选择一个话题进行辩论。

材料三：

7-1/8-1

即兴发言

生活中有些场合，需要我们作即兴发言。由于时间紧迫，事先没有太多准备的时间，需要我们快速组织语言，临场发挥。

先快速打个腹稿，根据场合、对象等，想想要讲哪几点，先讲什么，后讲什么，哪一点需要多讲几句。再把自己想表达的意思逐条说清楚。语气要自然，态度要大方。

班里事先准备一些即兴发言的题目，每个同学抽签选一个话题，稍做准备，然后做即兴发言。

之后全班交流：谁的即兴发言精彩？哪些地方值得大家借鉴？自己的发言还有哪些地方需要改进？

习作领域

材料一：

1-1/2-1 写自己在节日里参加风俗活动的亲身经历

一年当中我们会度过许多美好的传统节日。春节、元宵节、端午节、中秋节等，你最喜欢哪一个传统节日呢？这个传统节日你是怎么度过的呢？请结合家乡的节日风俗写一写。

要求：1.重点描写节日活动现场的情况和自身感受。2.把这个节日的风俗特点或来历穿插在文章中写。3.题目自拟。

材料二：

3-1/4-1 写一件意想不到的事情

生活中一定会有我们高兴、难过、烦恼或后悔的事情发生。有些事情的发生出乎我们的意料，却带给我们思考，请你以《真没想到……》为题写一篇作文，记叙一件你亲身经历过的、意想不到的事，要求选材真实，有真情实感。

材料三：

5-1/6-1 写出自己的梦想

每个人都有梦想，有了梦想，才会为梦想而奋斗。你的梦想是什么呢？你想怎样为梦想而奋斗呢？选择一种合适的方式把你的梦想表达出来，可以记叙故事，可以写信或写日记，还可以创作诗歌。语言要通顺、流畅，意思要清楚明白，要表达出真情实感。

材料四：

7-1/8-1 写一个科幻故事

当今世界科技发展一日千里：计算器出现，算盘便消失了；数码相机出现，胶卷就没市场了；智能手机出现，回家就不玩电脑了；微信出现，短信没人发了！世界一直在变，未来可能会出现什么呢？会怎样改变我们的生活呢？请你放飞想象，写一个科幻故事，做到想象大胆而合理，故事具体生动，引人入胜。题目自拟。

材料五：

9-1/10-1 选择一本书，写作品梗概

4月23日是世界读书日，学校图书馆要开展好书推荐征集活动。你想向大家推荐哪本好书呢？请你选择最喜欢读的一本书写作品梗概，注意做到故事完整、脉络清楚、语言精练，表达连贯。

材料六：

11-1/12-1 写一份庆"六一"联欢活动策划书

　　光阴似箭、日月如梭，转眼我们就要小学毕业了。今年的"六一"儿童节是我们在小学阶段度过的最后一个儿童节，班级打算举行一次以"阳光下成长，快乐中飞翔"为主题的庆祝活动。请你帮忙写一份庆"六一"联欢活动策划书。

数学·六年级
（上册）

编写人员：

芮代琴　刘加芳　翁丽丽　宋晓杰　刘　婷　李月月
赵　敏　茅　成　吴振兰

学　　校：_____　　年　　级：_____
姓　　名：_____　　出生日期：_____
评 估 者：_____　　评估时间：_____

评估标准：

　　3分：独立完成单一知识/技能；或独立完成多重知识/技能100%。

　　2分：独立完成或在单一支持下完成多重知识/技能60%及以上；或在单一支持下完成单一知识/技能。

　　1分：独立完成或在多重支持下完成多重知识/技能20%～60%以内；或在多重支持下完成单一知识/技能。

　　0分：独立完成或在多重支持下完成多重知识/技能20%以下；或在多重支持下无法完成单一知识/技能。

数与代数领域

材料一：

1-1/2-1 填一填

（1）表示一个数是另一个数的百分之几的数是（　　　），又叫（　　　）或（　　　）。百分数表示两个数量间的（　　　）。

（2）百分数的分数单位是（　　　），25个1%是（　　　），8.5个1%是（　　　）。

（3）某班男生人数占总人数的78%，表示把（　　　）看作单位"1"，平均分成（　　　）份，（　　　）占其中的78份。

材料二：

3-1/4-1 填一填

（1）读出下面的百分数。

24%读作：_____   100%读作：_____

17.2%读作：_____

（2）写出下面的百分数

百分之四十五 写作：_____   百分之零点三 写作：_____

百分之二百 写作：_____

材料三：

5-1/6-1 把下面的小数改写成百分数

    0.35   0.06   0.6   1.3   3

5-2/6-2 把下面的百分数改写成小数

    76%   234%   30%   1.6%   0.04%

材料四：

7-1/8-1 把下面的分数改写成百分数（除不尽的保留三位小数）

$$\frac{3}{4} \qquad \frac{1}{8} \qquad \frac{1}{6} \qquad \frac{9}{7} \qquad \frac{24}{8} \qquad \frac{3}{64}$$

7-2/8-2 把下面的百分数改写成分数

56%   50%   95%   360%   0.8%

材料五:

9-1/10-1 说一说/填一填

(1) 观察下面两个分数,说一说它们之间有什么关系。

$$\frac{3}{5} \qquad \frac{5}{3}$$

(2) 乘积是1的两个数互为(　　　)。

(3) 1的倒数是(　　　),(　　　)没有倒数。

(4) 写出下列各数的倒数

$$\frac{3}{4} \qquad \frac{7}{6} \qquad 5 \qquad \frac{1}{8}$$

材料六：

11-1/12-1 直接写出得数，带*说一说计算方法

$\dfrac{5}{3} \times 3 =$ $\qquad$ $9 \times \dfrac{2}{13} =$

$\dfrac{8}{9} \times 1 =$ $\qquad$ $0 \times \dfrac{2}{11} =$

$2 \times \dfrac{3}{5} =$ $\qquad$ $15 \times \dfrac{3}{4} =$

* $\dfrac{7}{11} \times 8 =$ $\qquad$ $\dfrac{7}{18} \times 6 =$

材料七：

13-1/14-1 直接写出得数，带*说一说计算方法

$\dfrac{4}{11} \times \dfrac{9}{8} =$ 　　　　　　　$\dfrac{1}{4} \times \dfrac{4}{9} =$

*$\dfrac{3}{5} \times \dfrac{4}{7} =$ 　　　　　　　$\dfrac{1}{10} \times \dfrac{7}{24} =$

$\dfrac{8}{5} \times \dfrac{3}{2} =$ 　　　　　　　$\dfrac{4}{5} \times \dfrac{3}{4} =$

$\dfrac{15}{7} \times \dfrac{21}{20} =$ 　　　　　　$\dfrac{5}{6} \times \dfrac{9}{20} =$

材料八：

15-1/16-1 计算

$\dfrac{2}{3} \times 6 \times \dfrac{3}{8} =$　　　　　　$\dfrac{3}{4} \times \dfrac{1}{2} \times \dfrac{8}{7} =$

$\dfrac{4}{7} \times \dfrac{21}{10} \times \dfrac{2}{3} =$　　　　　　$\dfrac{25}{23} \times \dfrac{18}{17} \times \dfrac{23}{25} =$

$\dfrac{3}{5} \times 15 \times \dfrac{2}{9} =$　　　　　　$\dfrac{3}{10} \times \dfrac{5}{7} \times \dfrac{7}{9} =$

$\dfrac{16}{9} \times \dfrac{3}{4} \times 4 =$　　　　　　$3 \times \dfrac{1}{5} \times \dfrac{5}{7} =$

材料九：

17-1/18-1 计算，说一说带*算式的计算方法

$\dfrac{6}{35} \div 1 =$ $*\dfrac{7}{12} \div 3 =$

$\dfrac{5}{16} \div 10 =$ $\dfrac{5}{18} \div 4 =$

$\dfrac{8}{25} \div 4 =$ $\dfrac{6}{13} \div 9 =$

$*\dfrac{5}{8} \div 5 =$ $\dfrac{12}{13} \div 8 =$

17-2/18-2 解方程

$6x = \dfrac{2}{3}$ $8x = \dfrac{16}{35}$

材料十：

19-1/20-1 计算，说一说带*算式计算方法

$*10 \div \dfrac{5}{8} =$ $\qquad$ $24 \div \dfrac{8}{21} =$

$0 \div \dfrac{11}{26} =$ $\qquad$ $1 \div \dfrac{1}{6} =$

$7 \div \dfrac{3}{5} =$ $\qquad$ $72 \div \dfrac{8}{9} =$

$15 \div \dfrac{10}{21} =$ $\qquad$ $4 \div \dfrac{6}{11} =$

19-2/20-2 解方程

$\dfrac{5}{9}x = 10$ $\qquad$ $\dfrac{5}{8}x = 40$

材料十一：

21-1/22-1 计算，说一说带*算式计算方法

$\dfrac{7}{12} \div \dfrac{7}{4} =$
　　　　　　　　　　$*\dfrac{3}{10} \div \dfrac{1}{5} =$

$\dfrac{3}{4} \div \dfrac{3}{8} =$
　　　　　　　　　　$\dfrac{6}{51} \div \dfrac{3}{17} =$

$\dfrac{8}{9} \div \dfrac{2}{9} =$
　　　　　　　　　　$\dfrac{10}{21} \div \dfrac{5}{7} =$

$\dfrac{2}{5} \div \dfrac{8}{15} =$
　　　　　　　　　　$\dfrac{2}{3} \div \dfrac{1}{2} =$

21-2/22-2 解方程

$\dfrac{4}{5}x = \dfrac{7}{10}$
　　　　　　　　　　$\dfrac{2}{3}x = \dfrac{8}{9}$

材料十二：

23-1/24-1 计算，说一说带*算式计算方法

$*\dfrac{8}{21} \div 4 \div \dfrac{5}{7} =$ 　　　　　　$\dfrac{2}{3} \times \dfrac{1}{5} \div \dfrac{4}{7} =$

$24 \div \dfrac{8}{21} \times \dfrac{5}{21} =$ 　　　　　　$\dfrac{1}{2} \div \dfrac{4}{5} \div \dfrac{2}{3} =$

材料十三：

25-1/26-1/27-1/28-1 先说出运算顺序再计算，能简便计算的简便计算；说一说分数四则混合运算与整数四则运算混合运算的相同点

$\dfrac{1}{3} + 3 \div \dfrac{9}{10}$

$\dfrac{2}{3} \div (1 - \dfrac{1}{3})$

$\dfrac{1}{11} \div [\dfrac{2}{5} + (1 - \dfrac{10}{11})]$

$\dfrac{3}{4} \times \dfrac{2}{7} + \dfrac{5}{7} \div \dfrac{4}{3}$

$\dfrac{7}{8} - \dfrac{1}{4} + \dfrac{9}{8} - \dfrac{3}{4}$

$24 \times (\dfrac{3}{4} - \dfrac{1}{6})$

材料十四：

29-1/30-1 先说出题目中的数量关系，再列式计算

（1）小明买了一瓶350ml的可乐，他喝了这瓶可乐的 $\frac{1}{4}$，请问他喝了多少毫升？

（2）毛衣原件180元，现价比原来降低了 $\frac{1}{5}$，现价多少钱？

材料十五：

31-1/32-1 先分析数量关系，再列方程解答

（1）育才小学的学生去植树，五年级植了200棵，是六年级的$\frac{4}{5}$，六年级植树多少棵？

（2）图书室里有800本故事书，科技书的本数是故事数的$\frac{5}{8}$，又是连环画的$\frac{2}{5}$，连环画有多少本？

材料十六：

33-1/34-1 先分析数量关系，再列式计算

1. 苗圃里月季的株树是牡丹的 $\frac{7}{6}$，牡丹有30株，牡丹比月季少多少株？

2. 一个菜园占地 $\frac{4}{9}$ 公顷，其中种的黄瓜占 $\frac{1}{3}$，种的青椒占 $\frac{1}{6}$，其余的种茄子。

（1）种黄瓜比种青椒的面积大多少公顷？

（2）种茄子的面积是多少公顷？

材料十七：

35-1/36-1 说一说/填一填

（1）$\dfrac{8}{10}=\dfrac{(\ \ )}{5}=40\div(\ \ )$

（2）小敏买3本笔记本用去11元钱，笔记本的总价和数量的比是（　　），比值是（　　），这个比值表示（　　），其中":"是（　　），3是比的（　　），11是比的（　　）。

（3）某车间有男职工25人，女职工15人。女职工人数相当于男职工人数的$\dfrac{(\ \ )}{(\ \ )}$，男职工人数与女职工人数的最简整数比是（　　），女职工人数与该车间职工总人数的比是（　　），化成后项是100的比是（　　）。

35-2/36-2 化简下列各比

16∶8　　36∶3　　$\dfrac{102}{68}$　　$\dfrac{1}{3}\colon\dfrac{4}{5}$

材料十八：

37-1/38-1 根据题意，列式解答

（1）一个长方形的周长是40分米，长和宽的比是3：2，这个长方形的面积是多少平方分米？

（2）某种混凝土是黄沙、水泥和石子按4：3：5搅拌而成，一个建筑工地需混凝土60吨，需黄沙、水泥、石子各多少吨？

材料十九：

39-1/40-1 填一填

1.爸爸买了一辆价值12万元的家用轿车。按规定需缴纳10%的车辆购置税。爸爸买这辆车共需花多少钱？

"按规定需缴纳10%的车辆购置税"的意思是（　　　）占（　　　）的10%

2.叔叔今年存入银行10万元，定期二年，年利率是2.25%，到期后叔叔应得利息多少钱？

利率的意思是：（　　　）占（　　　）的2.25%

3.买一件T恤衫，原价80元，如果打八折出售是多少元？

八折=（　　　）%

八折的意思是：（　　　）占（　　　）的（　　　）%

材料二十：

41-1/42-1 解决实际问题

1.商店运来葡萄80筐，运来香蕉40筐。

运来葡萄的筐数是香蕉的（　　　）%。

运来香蕉的筐数是葡萄的（　　　）%。

2.六（1）班有男生25人，女生20人，男生占全班人数的（　　　）%，男生比女生多（　　　）%，女生比男生少（　　　）%。

3.五年级有女生480人，男生人数是女生人数的60%，男生有多少人？

4.五年级有女生480人，男生比女生少10%，男生有多少人？

5.陈叔叔一次劳务报酬所得为20000元，按规定减去16000元后的部分按20%的税率缴纳个人所得税。应缴纳多少元？

6.小丽的妈妈在银行里存入人民币50000元,存期二年,年利率2.25%,到期时,所得利息为多少元?

7.一台液晶电视8000元,若打七五折出售,实际需要付多少元?

材料二十一：

43-1/44-1 列方程解决实际问题

1. 一条绳子，第一次剪去全长的25%，第二次剪去全长的35%，两次共剪去6米，这条绳子共长多少米？

2. 校园里杉树12棵，比杨树棵数少40%，杨树多少棵？

3. 食堂运来一批大米，已经吃去600千克，正好吃去$\frac{3}{4}$，这批大米共多少千克？

4. 一种服装现在售价180元，比原来便宜了$\frac{3}{8}$，便宜了多少元？

材料二十二：

45-1/46-1/47-1/48-1 先填空，再解答

1. 一支钢笔和三本练习本共18元，一支钢笔的价钱是一本练习本的6倍，一本练习本和一支钢笔各多少元？

（　　　）的价钱×3＋（　　　）的价钱×6＝18

2. 黑兔和白兔共240只，黑兔的只数是白兔的，黑兔和白兔各有多少只？

（　　　）的只数×$\dfrac{1}{5}$＋（　　　）的只数＝240

图形与几何领域

材料一：

1-1/2-1 回答问题

（1）指出图中长方体的棱、面、顶点分别在哪里？

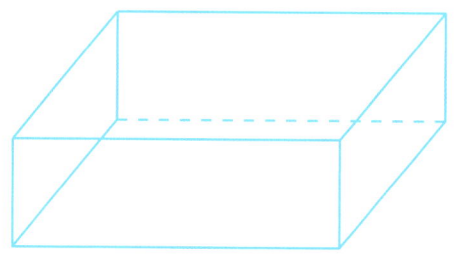

（2）长方体两个面相交的线叫作（　　），三条棱相交的点叫作（　　）。

长方体有（　　）个面，（　　）条棱，（　　）个顶点。

（3）在图中分别标出长方体的长、宽、高。

材料二：

3-1/4-1 回答问题

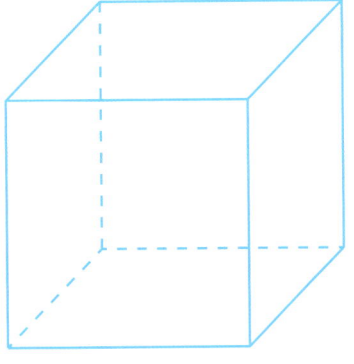

（1）正方体有（　　）个面、（　　）条棱，（　　）个顶点。正方体的（　　）个面是完全相同的（　　）。

（2）正方体是特殊的（　　）。

材料三：

5-1/6-1 看一看，连一连

把下面的长方体、正方体和相应的展开图连一连。

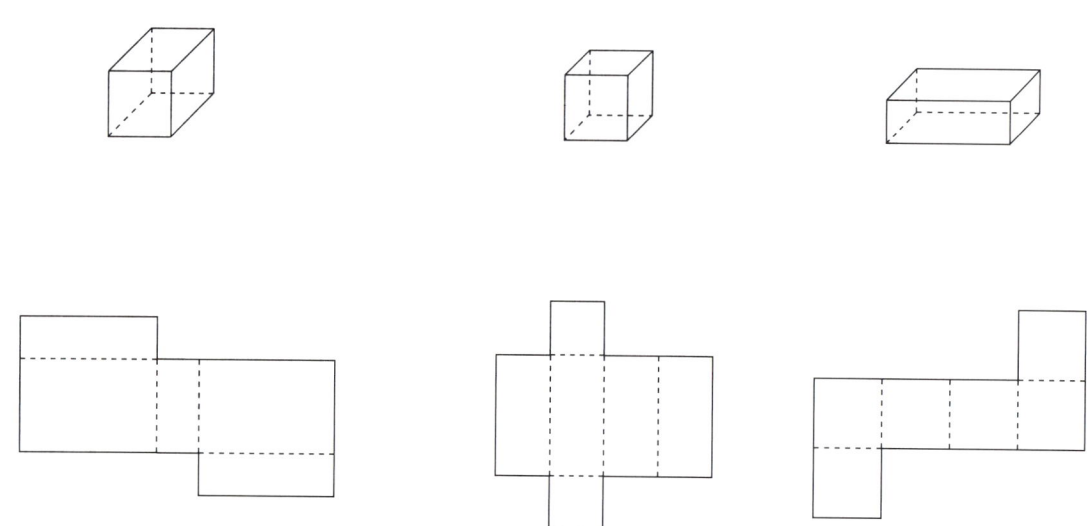

材料四：

7-1/8-1 填空

（1）物体所占空间的大小叫作物体的（　　　），容器所能容纳物体的体积叫作容器的（　　　）。

（2）把大、小两块石子分别放入两个装满水的同样大的杯里，哪杯溢出的水多？

（3）下面哪个盒子的容积大？

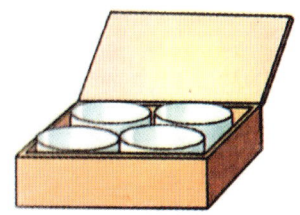 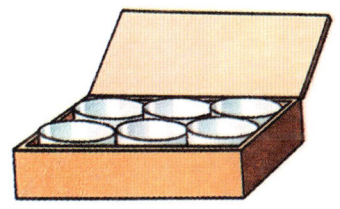

材料五：

9-1/10-1 回答问题

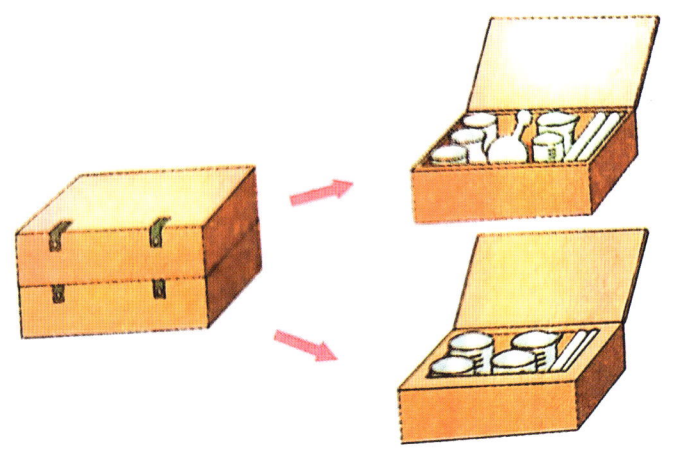

学校自然实验室买来两箱仪器，从外面看两个箱子一样大。请问两个箱子的体积相等吗？容积呢？

材料六：

11-1/12-1/13-1/14-1/15-1/16-1 回答问题

11-1/12-1 填空

（1）棱长是1厘米的正方体，体积是1（　　）。

棱长是1分米的正方体，体积是1（　　）。

棱长是1米的正方体，体积是1（　　）。

（2）在（　　）里填合适的单位

橡皮的体积大约是6（　　）。

冰箱的体积大约是3（　　）。

水桶的容积大约是12（　　）。

13-1/14-1/15-1/16-1 填空

1立方分米＝（　　）立方厘米

1立方米＝（　　）立方分米

1立方分米＝（　　）升

1立方厘米＝（　　）毫升

5立方分米＝（　　）立方厘米

0.24立方米＝（　　）立方分米

7500立方厘米＝（　　）立方分米

2.7升＝（　　）立方分米

材料七：

17-1/18-1/19-1/20-1/ 回答问题

（1）长方体（或正方体）6个面的总面积，叫作它的（　　）。

（2）计算长方体和正方体的表面积

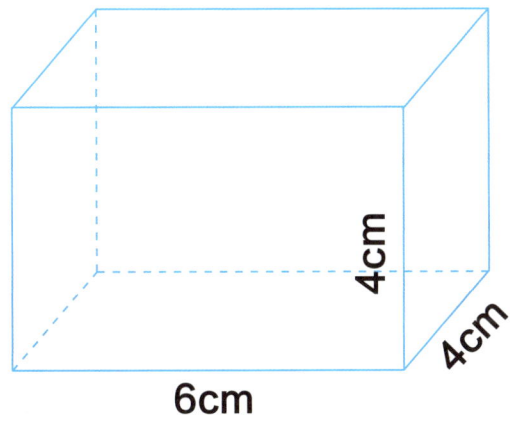 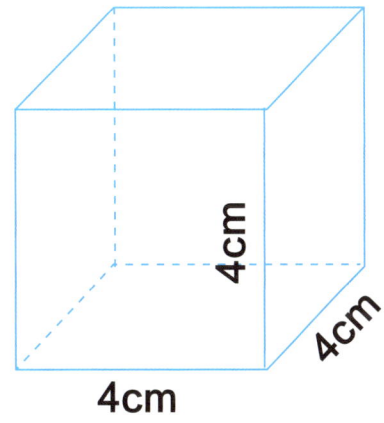

材料八：

21-1/22-1/23-1/24-1 说一说，填一填

（1）长方体的体积=（　　）×（　　）×（　　）=（　　）×高，用字母表示V=（　　）=（　　）h

正方体的体积=（　　）×（　　）×（　　），用字母表示V=（　　）

（2）计算下面长方体和正方体包装盒的体积。

材料九：

25-1/26-1 回答问题

有一个花坛，高0.5米，地面边长1.3米的正方形。四周用砖砌成，砖墙的厚度是0.3米，中间填满泥土。

（1）花坛所占的空间有多大？

（2）花坛里大约有泥土多少立方米？

材料十：

27-1/28-1 回答问题

（1）3面涂色小正方体都是在大正方体顶点的位置，都是（　　）个。

（2）2面涂色的小正方体的个数都是（　　）的倍数。

（3）1面涂色的小正方体的个数都是（　　）的倍数。

数学·六年级
（下册）

编写人员：

芮代琴　刘加芳　刘　婷　赵　敏　宋晓杰　翁丽丽
李月月　茅　成　吴振兰

学　校：_____　　　年　级：_____

姓　名：_____　　　出生日期：_____

评估者：_____　　　评估时间：_____

评估标准：

　　3 分：独立完成单一知识/技能；或独立完成多重知识/技能 100%。

　　2 分：独立完成或在单一支持下完成多重知识/技能 60% 及以上；或在单一支持下完成单一知识/技能。

　　1 分：独立完成或在多重支持下完成多重知识/技能 20%~60% 以内；或在多重支持下完成单一知识/技能。

　　0 分：独立完成或在多重支持下完成多重知识/技能 20% 以下；或在多重支持下无法完成单一知识/技能。

数与代数领域

材料一：

1-1/2-1 填一填

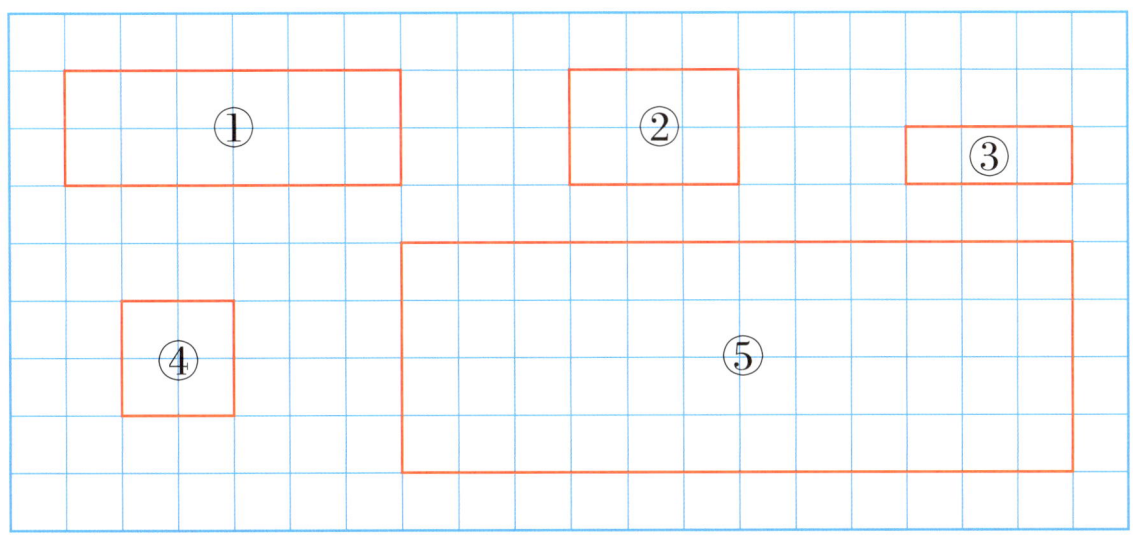

（1）图中（　　）号图形是①号长方形放大后的图形，它是按（　　）：（　　）的比放大的。

（2）图中（　　）号图形是①号长方形缩小后的图形，它是按（　　）：（　　）的比缩小的。

1-2/2-2 画一画

按2∶1的比画出正方形放大后的图形,再按1∶2的比画出长方形缩小后的图形。

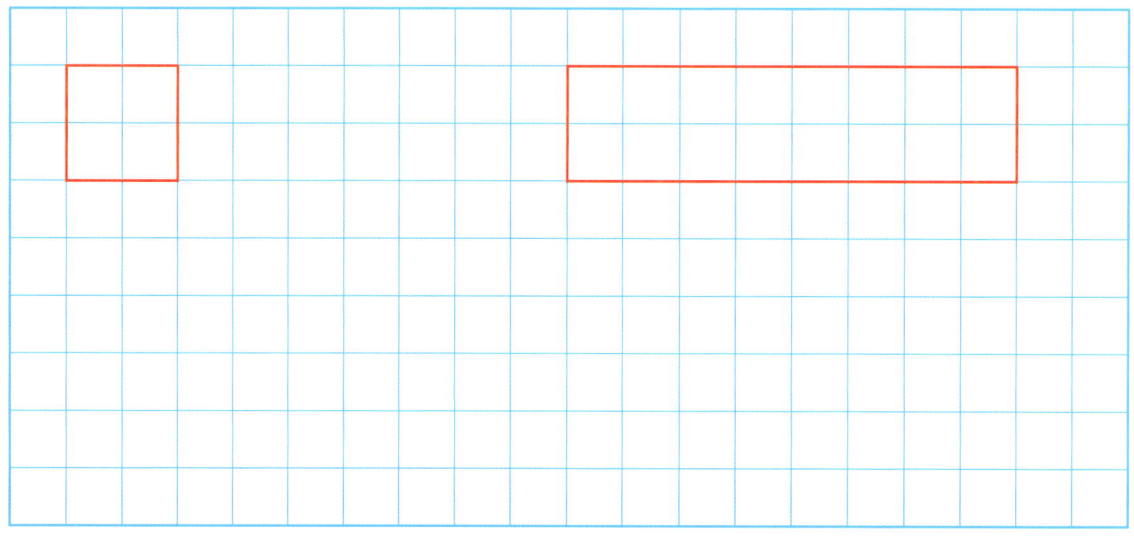

材料二：

3-1/4-1 填一填

（1）表示（　　　　　）的式子叫做比例。

（2）应用比例的意义，判断下面哪一组中的两个比可以组成比例？

6∶10 和 9∶15　　20∶5 和 4∶1　　5∶1 和 6∶2

（3）在比例 9∶3 = 6∶2 中，（　　）和（　　）是外项，（　　）和（　　）是内项。

材料三：

5-1/6-1 说一说比例的基本性质

5-2/6-2 根据比例的基本性质，在括号里填合适的数

5∶3＝20∶（　　） $\dfrac{2}{5}=\dfrac{10}{(\ \ )}$

1.5∶0.3＝（　　）∶1.8 $\dfrac{4}{9}=\dfrac{(\ \ )}{27}$

材料四：

7-1/8-1 解比例

$112 : x = 6 : 4$

$\dfrac{1}{24} : \dfrac{5}{6} = x : 9$

$\dfrac{8}{21} = \dfrac{0.4}{x}$

$x : 3.2 = 1.5 : 16$

材料五：

9-1/10-1 填一填

（1）比例尺表示（　　　）和（　　　）的比。

（2）在比例尺是1∶3000000的地图上，图上的1cm代表实际（　　　）km。

0　60　120　180/km
|_____|
　1cm　　　　　表示图上的1cm代表实际（　　　）km，转化成数值比例尺是（　　　）

材料六：

11-1/12-1 解决问题

（1）一种精密零件，画在图上是12厘米，而实际的长度是3毫米。求这幅图的比例尺。

（2）英华小学有一块长120米、宽80米的长方形操场，画在比例尺为1∶4000的平面图上，长和宽各应画多少厘米？

材料七：

13-1/14-1 填一填

（1）在速度、路程和时间这三个量中，如果（　　）一定，（　　）和（　　）成正比例。

（2）如果$x = 3y$（x，y均不为0），则x和y成（　　）比例。

（3）成正比例的两个量的（　　）一定。

材料八:

15-1/16-1/17-1/18-1/19-1/20-1 解决问题

一根弹簧挂上物体后长度会伸长,物体的质量与伸长的长度如下:

物体质量/kg	2	4	6	8	10	……	20
弹簧伸长长度/cm	0.5	1	1.5	2	2.5	……	5

15-1/16-1 根据表格中的数据,判断物体的质量与弹簧伸长的长度成正比例吗?为什么?

17-1/18-1 在图中描出物体的质量和弹簧伸长的长度所对应的点，再把它们连接起来。

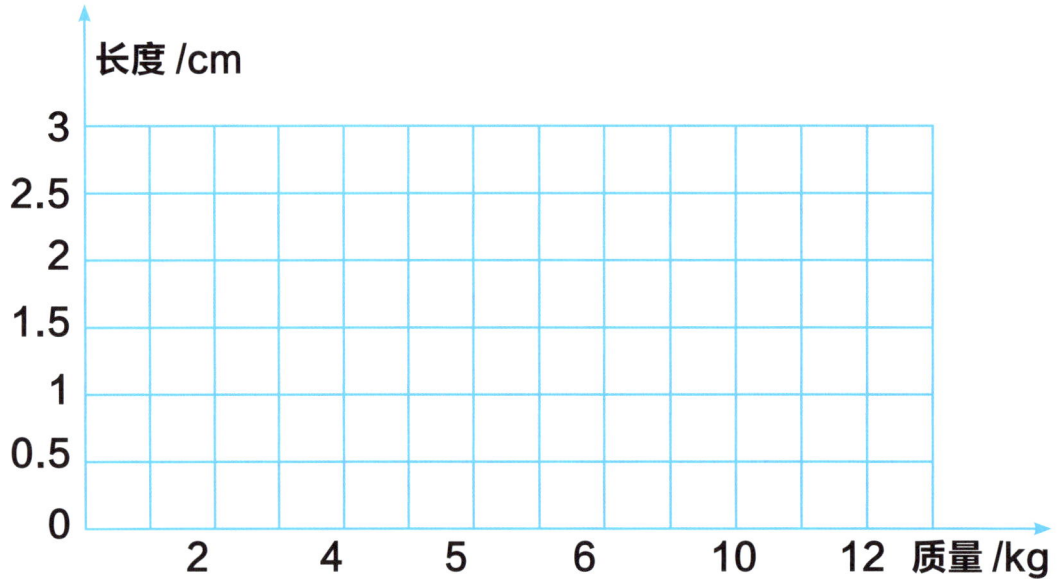

19-1/20-1 解决问题

根据图像判断，如果挂上质量是5千克的物体，弹簧应伸长多少厘米？要使弹簧伸长3厘米，应挂上多少千克的物体？

材料九：

21-1/22-1 下列图中哪一个是正比例的图像？

（1）

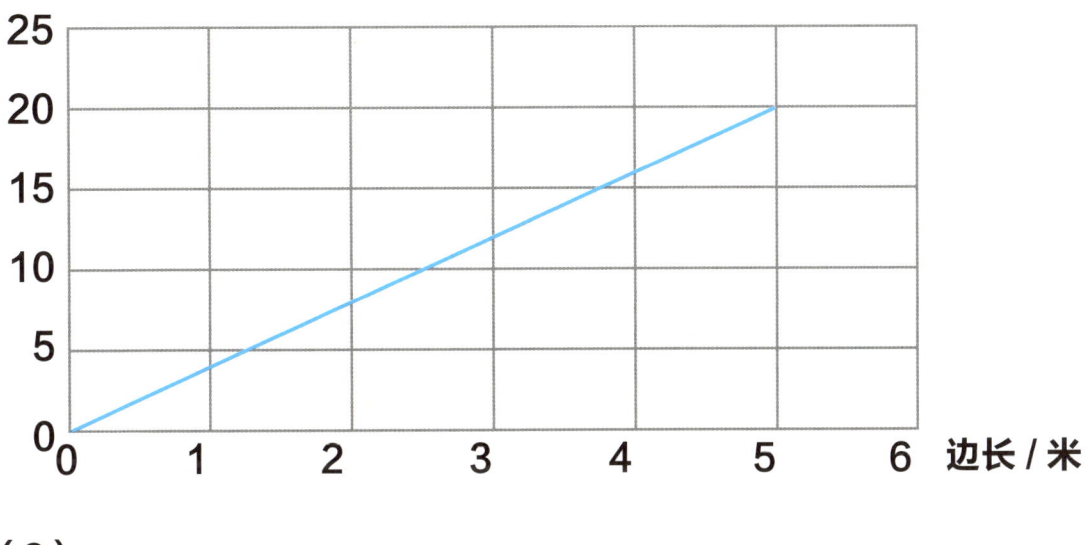

（2）

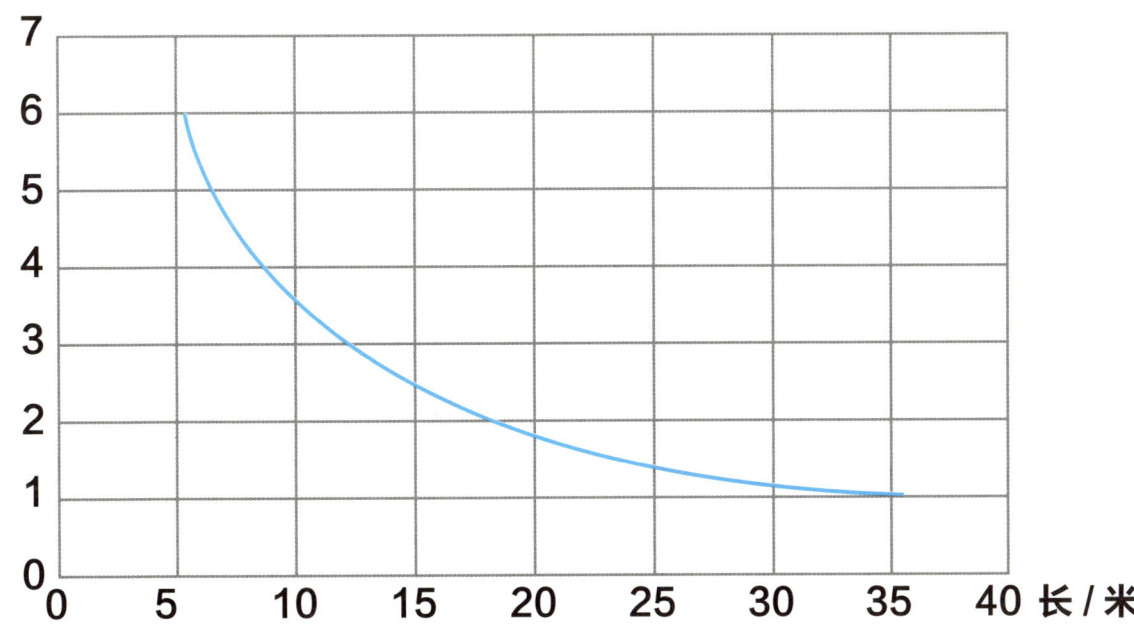

（3）

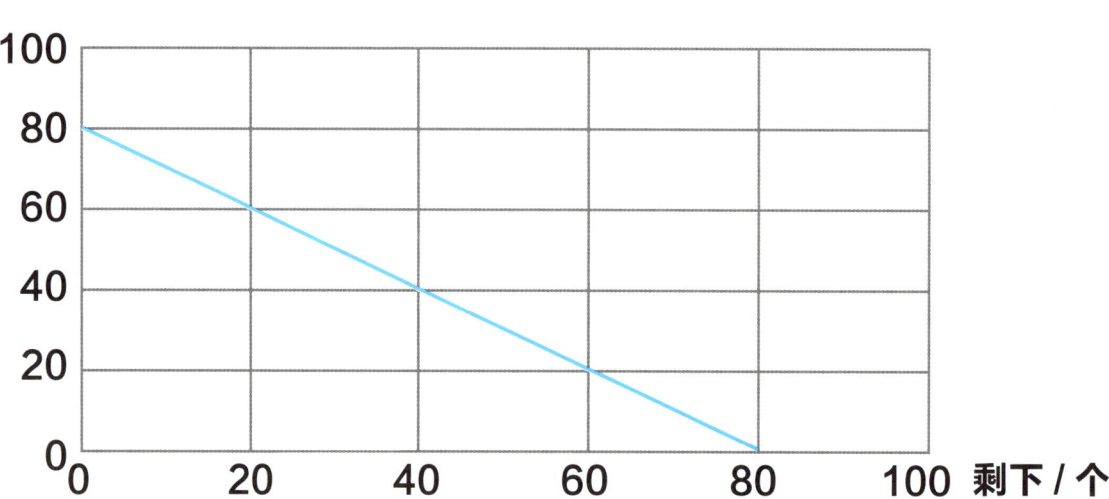

材料十：

23-1/24-1 填一填

（1）在速度、路程和时间这三个量中，如果（　　）一定，（　　）和（　　）成反比例。

（2）如果 xy＝3，则 x 和 y 成（　　）比例。

材料十一：

25-1/26-1 解决问题

生产240个零件，工作效率和工作时间如下表：

工作效率/（个/时）	120	80	60	48	40	……
工作时间/时	2	3	4	5	6	……

工作效率和工作时间成反比例吗？为什么？

材料十二：

27-1/28-1/29-1/30-1 先根据题意分析数量关系，再列式解答

（1）大球和小球混在一起，共有80个，大球的个数是小球个数的 $\frac{3}{5}$，大球、小球各有多少个？

（2）一辆汽车从甲地驶向乙地，已经行了4.5小时，已经行的和未行的路程比是3∶7，已知汽车每小时行40千米，还需要多少小时才能到乙地？

（3）面包房的面包有4个装和6个装两种不同的包装。妈妈要买50个面包，一共有几种不同的选择方法？

（4）停车场上停了45辆小汽车和三轮车，共有160个轮子。停车场上共有多少辆三轮车和多少辆小汽车？

图形与几何领域

材料一：

1-1/2-1/5-1/6-1 看图回答问题

1-1/2-1 说一说，填一填

（1）圆柱上、下两个面是完全相同的（　　），圆柱有一个（　　）面。

（2）圆柱的上、下两个面叫作（　　）面，围成圆柱的曲面叫作（　　）面，两个底面之间的距离叫作（　　），高有（　　）条。

（3）指出实物圆柱的底面和侧面。

5-1/6-1 比较两个实物圆柱的侧面和表面的大小（提供实物圆柱）

材料二：

3-1/4-1 看图回答问题

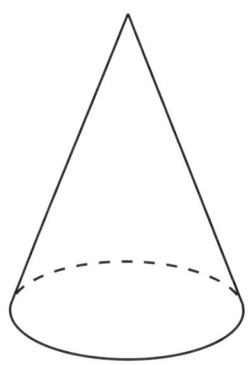

（1）圆锥有（   ）个顶点，圆锥的底面是一个（   ），圆锥的侧面是（   ）面。从圆锥的顶点到底面圆心的距离是圆锥的（   ）。

（2）指出实物圆锥的顶点和底面。

材料三：

7-1/8-1 计算圆柱的表面积

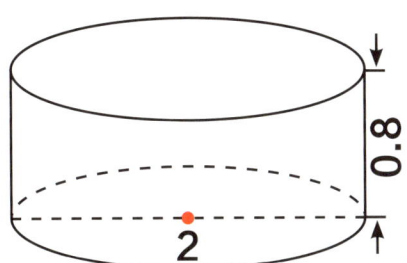

材料四：

9-1/10-1 回答问题

（1）圆柱的体积＝（　　　）×（　　　）

　　用字母表示V＝（　　　）

（2）计算圆柱的体积

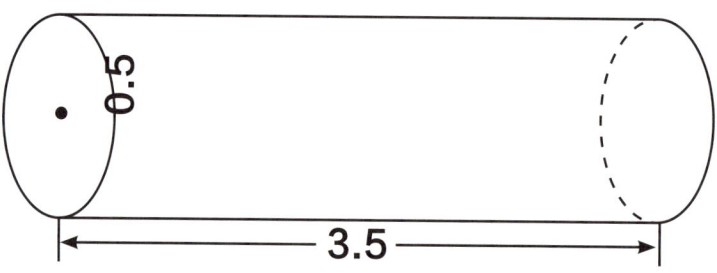

材料五：

11-1/12-1 回答问题

（1）圆锥的体积＝（　　　）×（　　　）×（　　　）

用字母表示V＝（　　　　　）

（2）计算圆锥的体积

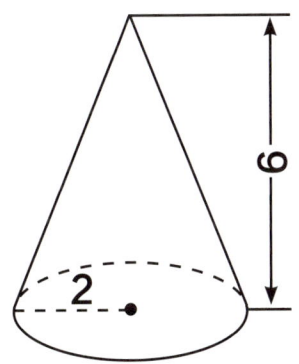

材料六：

13-1/14-1 回答问题

（1）一根自来水管的内径是20毫米。如果水流的速度是0.8米/秒，这根水管1分钟可以流出多少升水？

（2）一个圆锥形沙堆，底面积是24平方米，高是1.2米。用这堆沙子去填一个长7.5米、宽4米的长方体沙坑，沙坑里沙子的厚度是多少厘米？

材料七：

15-1/16-1 指一指，说一说

（1）

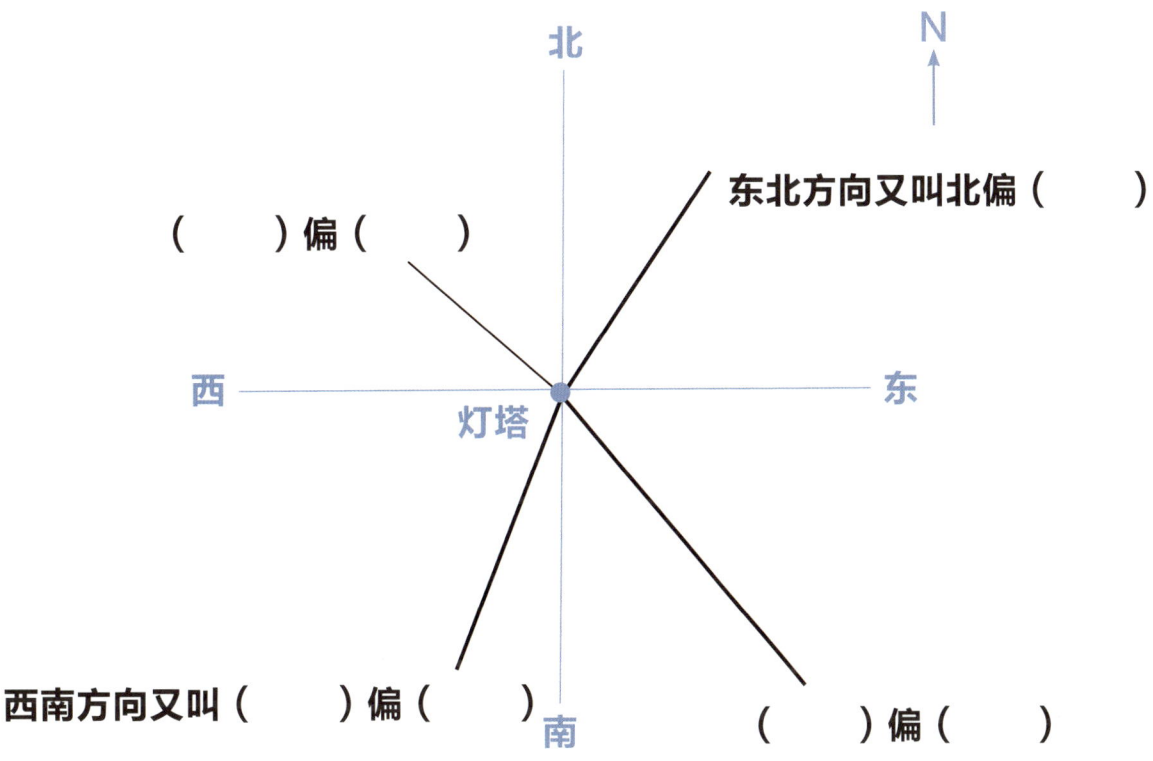

（2）在中国地图上看一看，你所居住的地区在北京的什么方向？

材料八：

17-1/18-1 观察图，回答问题

（1）学校在小明家偏（　　）（　　）°的方向；

（2）图书馆在小明家偏（　　）（　　）°的方向；

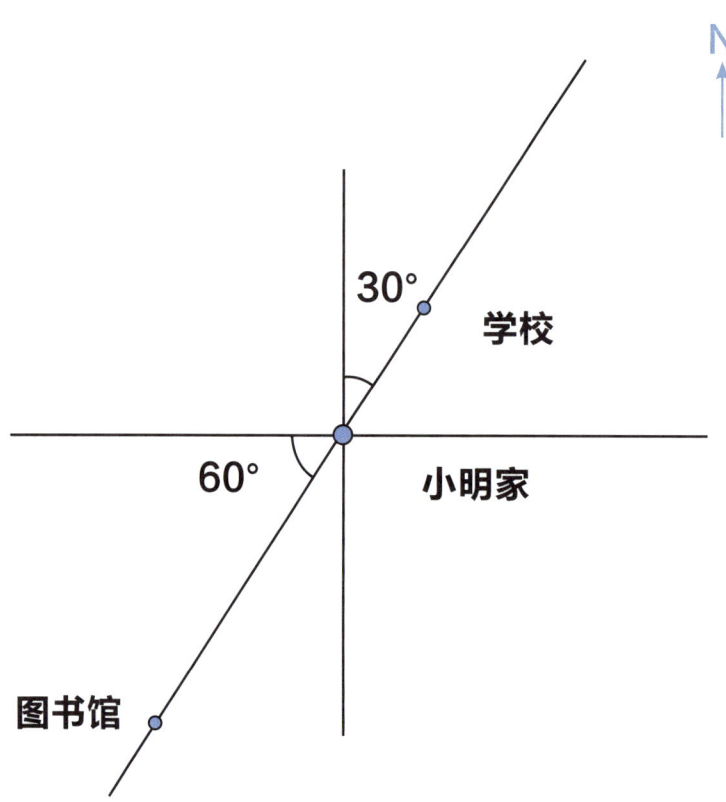

材料九：

19-1/20-1 观察图，回答问题

（1）孔雀园在老虎馆北偏（　　）（　　）°的方向，距离猴山300米处；

（2）大象馆在老虎馆（　　）偏（　　）（　　）°的方向，距离老虎馆（　　）米处；

（3）猴山在老虎馆（　　）偏（　　）（　　）°的方向，距离老虎馆（　　）米处；

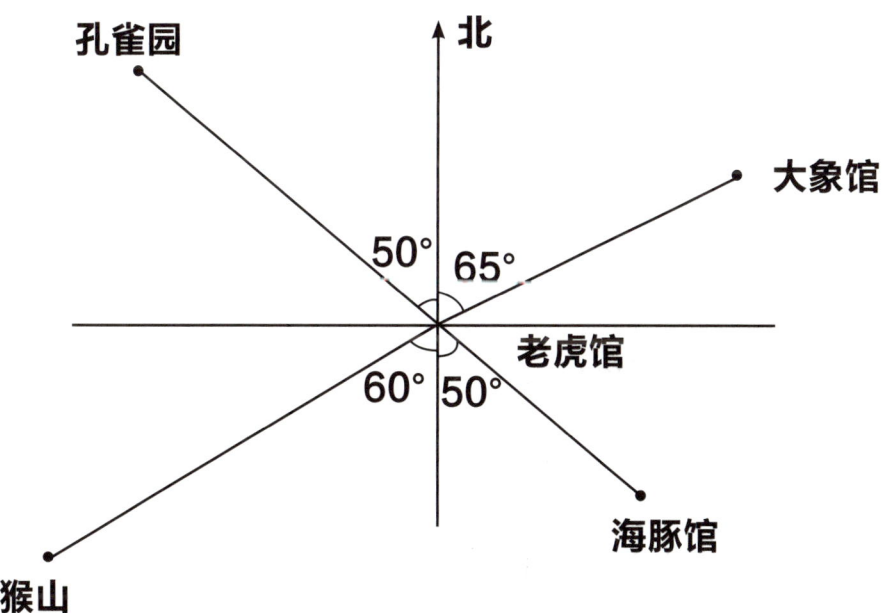

材料十：

21-1/22-1 以电视台为观测点，在图中表示出各场馆的位置

（1）市民广场在电视台东面方向400米处，人民医院在电视台北面600米处；

（2）区政府在电视台北偏东50°方向500米处，少年宫在电视台南偏西30°方向200米处；

（3）电信大楼在电视台西偏北60°方向500米处。

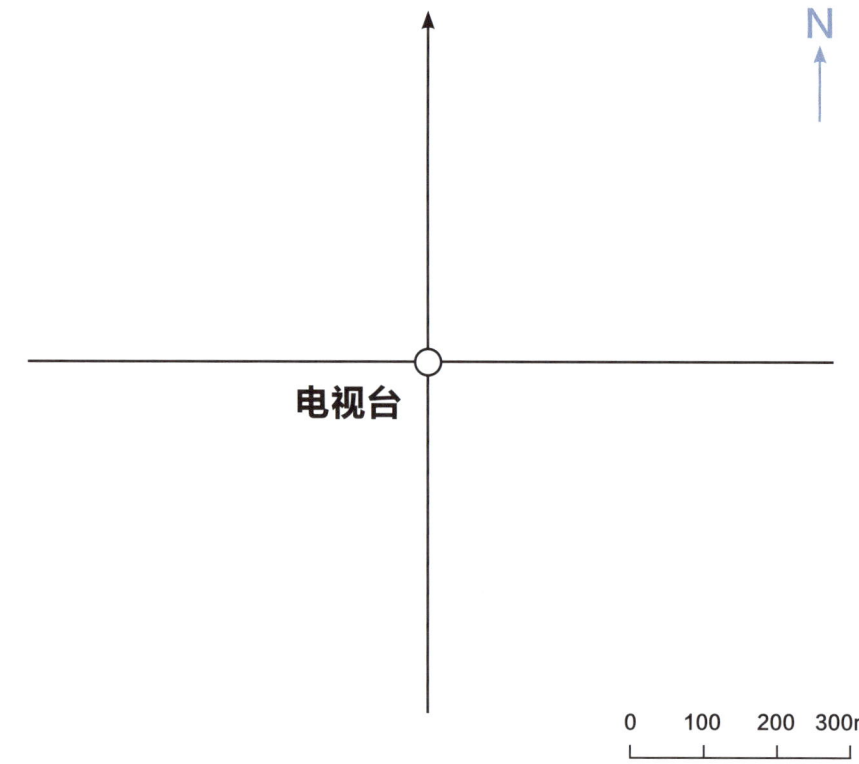

材料十一：

23-1/24-1 看图回答问题

说一说小红从家到学校的行走路线，如果每分钟走60米，6分钟能到学校吗？

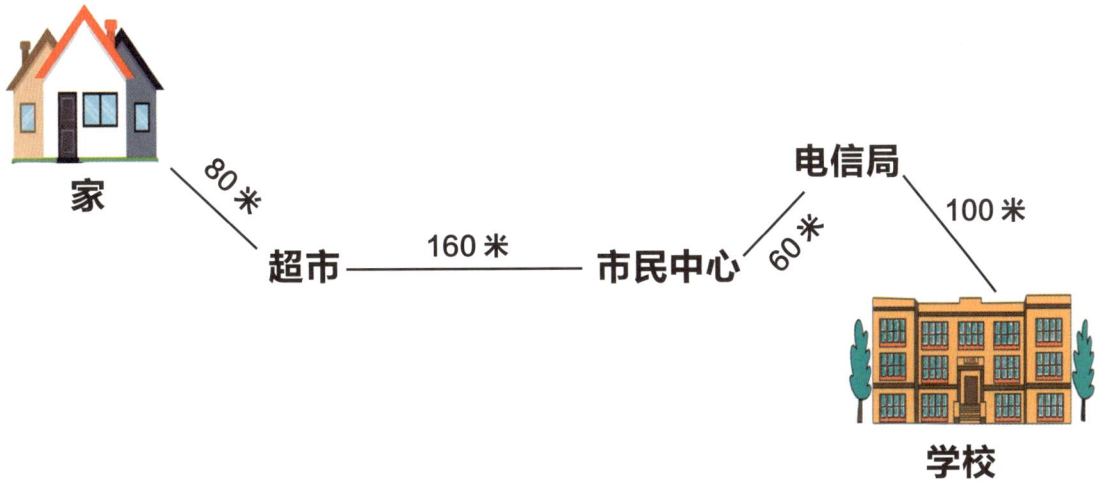

材料十二：

25-1/26-1 回答问题

学校在你家的什么方向？从你家到学校，途中要经过哪些有明显标志的地方？和同学说说你上学的路线。

统计与概率领域

材料一：

1–1/2–1 3–1/4–1 7–1/8–1　回答问题

1–1/2–1　观察表格并回答问题

我国陆地各种地形分布情况统计图

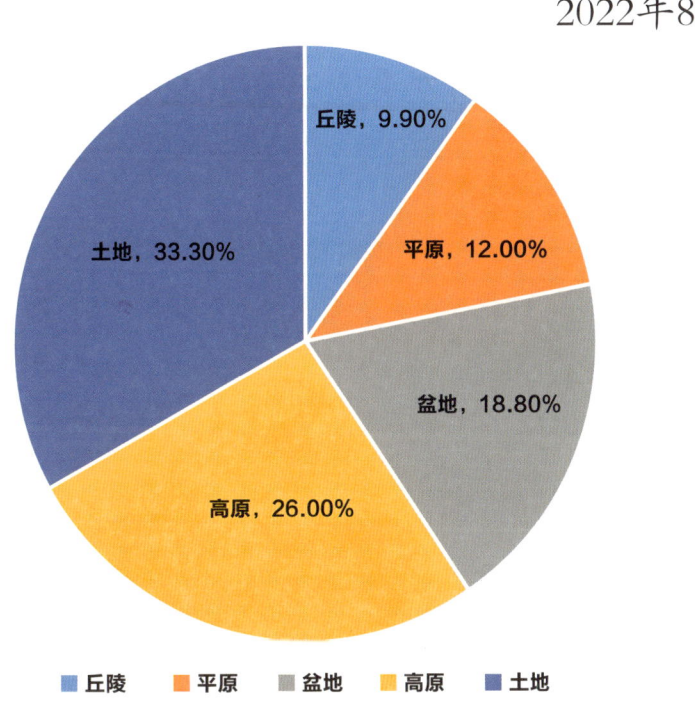

（1）图中整个圆形代表什么？

（2）图中各个扇形代表什么？扇形大小不一，代表什么？

3-1/4-1 看图回答问题

（1）图中数字"26.00%"指的是什么？

（2）图中可知，我国平原占总陆地面积的百分之多少？

7-1/8-1 看图回答问题

（1）我国陆地什么地形占比最大？

（2）我国陆地面积约960万平方千米，用计算器算一算盆地的面积有多少平方千米？

材料二：

5-1/6-1 看图回答问题

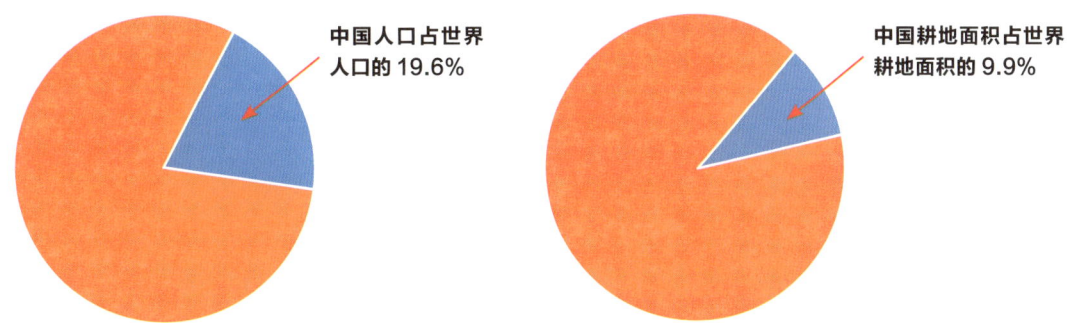

中国人口占世界人口的 19.6%

中国耕地面积占世界耕地面积的 9.9%

（1）观察上图，你能获得哪些信息？这让你想到了什么？

材料三：

9-1/10-1 看图回答问题

为了解六年级一班同学课外阅读的兴趣和习惯，小宁收集了该班去年下半年阅读课外书的有关数据，分别制成了下面三幅统计图。

六年级一班同学阅读课外书类型情况统计图

2022年8月

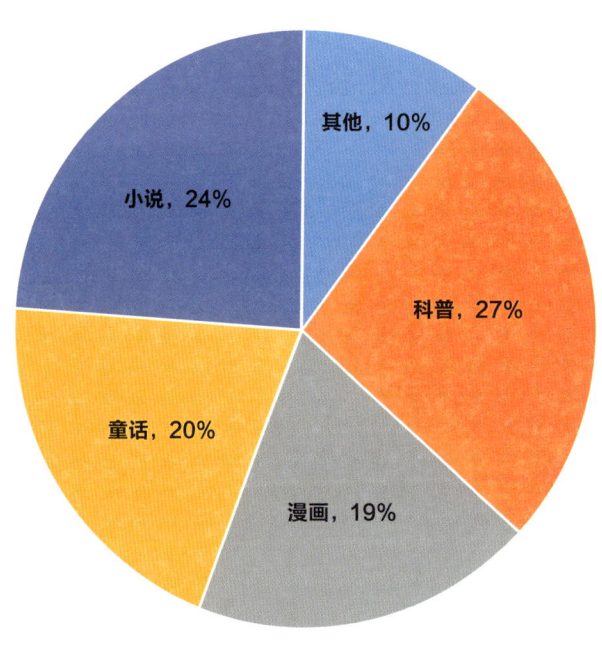

六年级一班学生阅读课外书数量情况统计图

2022年8月

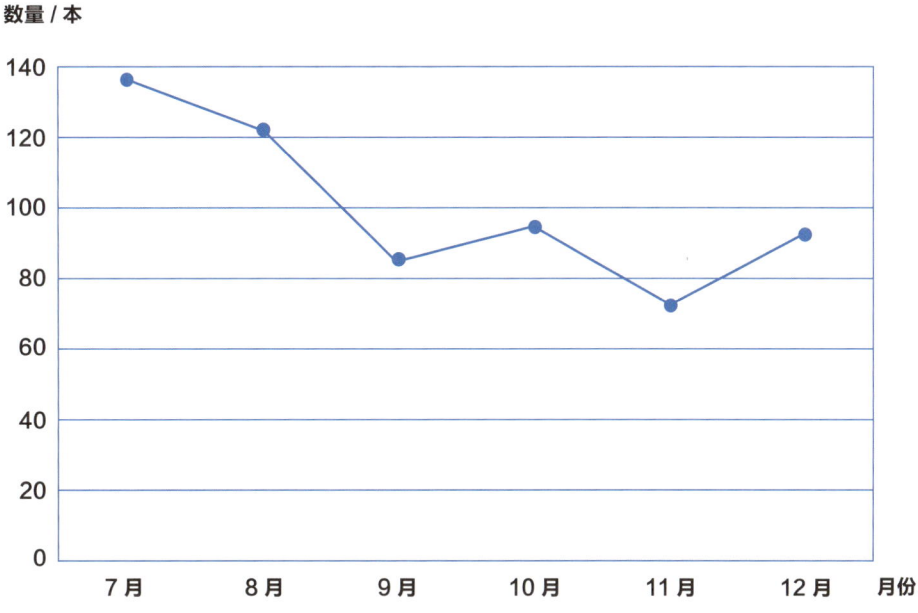

六年级一班学生平均每星期课外阅读时间统计图

2022年8月

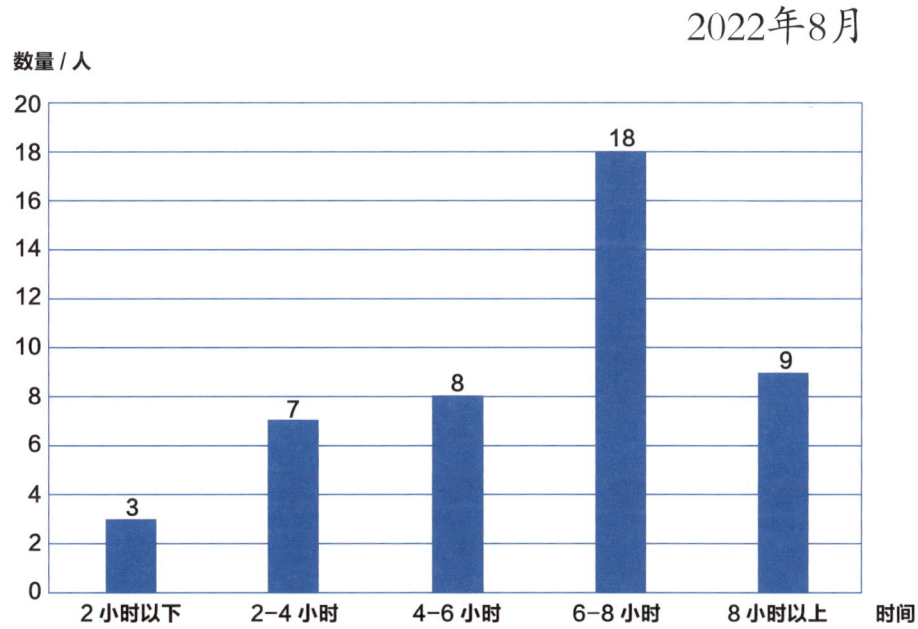

（1）上面三幅图分别表示什么？各属于什么类型的统计图？在呈现数据上分别有什么特点？

（2）从哪幅图可以看出六年级一班同学最喜欢哪一种类型的课外书？

（3）从哪幅图可以看出去年下半年各月借阅书本的变化情况？

（4）从哪幅图可以看出阅读课外书的时间多少？

（5）你还能从以上统计图中获得哪些信息？

英语·六年级
（上册）

编写人员：
王 霞　黄永志　刘晓慧

学　　校：_____　　年　　级：_____
姓　　名：_____　　出生日期：_____
评 估 者：_____　　评估时间：_____

评估标准：

　　3分：独立完成单一知识/技能；或独立完成多重知识/技能100%。

　　2分：独立完成或在单一支持下完成多重知识/技能60%及以上；或在单一支持下完成单一知识/技能。

　　1分：独立完成或在多重支持下完成多重知识/技能20%～60%以内；或在多重支持下完成单一知识/技能。

　　0分：独立完成或在多重支持下完成多重知识/技能20%以下；或在多重支持下无法完成单一知识/技能。

听做领域

材料一：

1-1 根据听到的对话选出正确的答案

A: Hi, Li Lei. How was your holiday?
B: It was great fun.
A: Where did you go for the holiday?
B: I went to Beijing.
A: How did you go there?
B: By high-speed train.
A: What did you do there?
B: I visited the Tian'anmen Square.
A: Did you go to the Great Wall?
B: Yes, I did. I took a lot of photos.

材料二：

1-1 请根据听到的对话选出正确的答案

（　　）(1) A: Where did Li Lei go for the holiday?

　　　　B: _____ .

　　　　A　　　　　　　　　B

（　　）(2) A: How did he go there?

　　　　B: By _____ .

　　　　A　　　　　　　　　B

（　　）(3) A: What did he not do there?

　　　　B: He didn't visit _____ .

　　A　　　　　　　B　　　　　　　C

材料三：

2-1/3-1 根据听到的故事把标志排序

Signs

　　Li Lei and Li Ming go to the library. They see a lot of signs. Li Ming is very interested in them. They see a sign on the wall. It means "No smoking". There's another sign next to it. It means they can't eat or drink in the library. They see a sign at the corner. It means "No littering". On the way to the toilet, there's a sign. It means "Wet floor". Li Ming knows a lot about the signs. He's very happy.

材料四：

2-1/3-1 请根据听到的故事把标志排序

　　（　　）　　　　　（　　）　　　　　（　　）　　　　　（　　）

材料五：

4-1/5-1 请听问题，根据实际情况说出正确的回答

（1） What did you do for the holiday?
（2） How was your holiday?
（3） Why did you call me?
（4） Did you go fishing?
（5） Where did your friend go for the holiday?
（6） Did he watch a film?
（7） What does this sign mean?
（8） What makes the streets messy and dirty?
（9） What can we do to keep our city clean?
（10） What are you going to do on Chinese New Year's Eve?
（11） What are they going to buy at Chinese New Year?
（12） What's Anna going to watch on Chinese New Year's Day?

材料六：

6-1/7-1 根据听到的指令做相应的动作（注：老师可根据自己常用的课堂指令进行随堂检测，以下指令仅供参照）

（1）Put up/ down your hands. / Hands up.（请举起/放下手）

（2）Look at the blackboard.（看黑板）

（3）Look at the screen.（看屏幕）

（4）Take out your books.（把书拿出来）

（5）Put away your books.（把书放好）

（6）Louder, please.（请大声一点）

（7）Go back to your seat.（请回到你的座位）

（8）Quiet, please.（请安静）

（9）Stop talking now.（停止讲话）

（10）You may begin.（你们可以开始了）

（11）Time is up.（时间到）

（12）Work in pairs.（两人一组，进行活动）

（13）Work in group of...（……人一组，进行活动）

（14）Please hurry up.（请抓紧时间）

（15）Pass the worksheets to the back.（向后传练习纸）

（16）Let's act out the story.（我们来表演故事）

（17）Let's do a role-play.（我们来角色扮演）

（18）Speak in English.（用英语说）

（19）Pay attention, please.（请注意）

（20）I beg your pardon.（请再说一次）

（21）Turn to page…（翻到第……页）

（22）Read the dialogue with your partner.（和你的搭档一起读对话）

（23）Your turn, please.（轮到你了）

说唱领域

材料一：

1-1/2-1 请用正确的句型交流个人信息

（1）朋友想知道你假期去了哪里，做了什么，你们会怎样问答？

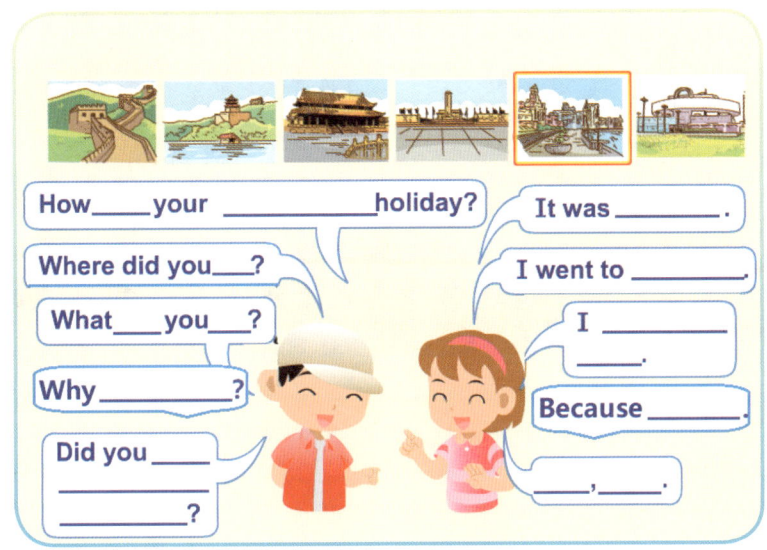

（2）朋友问你除夕夜打算干什么，你们会怎样问答？

（3）朋友问你们大年初一打算干什么，你们会怎样问答？

材料二：

3-1/4-1 请看图片，说出相应的句子

（1）老师问你会拼写Wednesday吗，你们会怎样问答？

（2）老师请你用"egg"造句，你们会怎样问答？

（3）朋友问你表演顺利吗，你告诉她最初表演很精彩，但是随后下起了大雨，你们会怎样问答？

（4）朋友问你穿了什么，你告诉她你穿了一件纸T恤衫和纸短裤，你们会怎样问答？

（5）朋友问你今天星期几，你们会怎样问答？

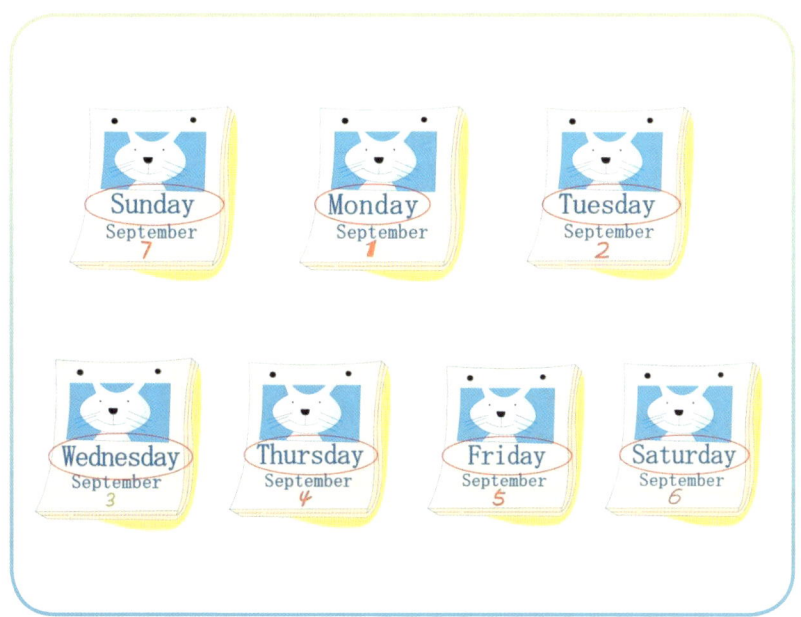

（6）朋友问你发生了什么事，你告诉他你丢了你的新风筝，你们会怎样问答？

（7）朋友想知道这个标志是什么意思，你们会怎样问答？

（8）朋友问你想要喝些果汁吗，你们会怎样问答？

（9）有人在吸烟，你提醒他不可以在这里吸烟，有一个标志，标志的意思是"你不能在这里吸烟"，你们会说什么？

（10）朋友问你在干什么，你告诉他你正在找香蕉，你带了一些当作午饭，你们会怎样问答？

（11）朋友问你"他们春节打算吃什么"，你们会怎样问答？

（12）朋友问你杨玲端午节时打算看什么，你们会怎样问答？

（13）朋友问你"他去了哪儿度假"，你们可以怎样问答？

（14）朋友问你"他参观了上海博物馆吗"，你们可以怎样问答？

（15）每个学生说一句话，可以怎么说？

（16）Sam 反应迅速，可以怎么说？

（17）爷爷给男孩讲了一个故事，可以怎么说？

（18）轮到Bobby了，他正在努力思考，可以怎么说？

（19）Willy说了下一句，可以怎么说？

（20）课在继续，Bobby仍然往窗外看，可以怎么说？

（21）狐狸老师变得很生气，可以怎么说？

（22）她想把这张桌子移走，可以怎么说？

（23）她对时装表演感到很兴奋，可以怎么说？

（24）Tina问Bobby关于Sam的事情，可以怎么说？

（25）Bobby和Tina正在谈论他们的春节计划，可以怎么说？

Bobby and Tina are talking about _____ Chinese New Year's Day.

（26）风筝飞得太高了，你抓不住，风筝飞走了，可以怎么说？

The kite flew high, but it flew ____ ____ and we couldn't _____ it. It _____ .

（27）Bobby和Sam正在森林里远足，可以怎么说？

Bobby and Sam are _____ in the forest.

（28）Bobby和Sam继续走，可以怎么说？

Bobby and Sam _____. They find a sign on a tree.

（29）他们看见他们周围有许多猴子，可以怎么说？

（30）天气变得多云有风，可以怎么说？

（31）下午，天空中乌云密布，可以怎么说？

（32）老师请你们看这些城市的图片，可以怎么说？

（33）Bobby把香蕉皮扔在地上，可以怎么说？

Bobby _____ a banana skin _____.

（34）Billy踩在香蕉皮上滑倒了，可以怎么说？

Billy _____ on the banana skin and _____.

（35）Billy住院了，可以怎么说？

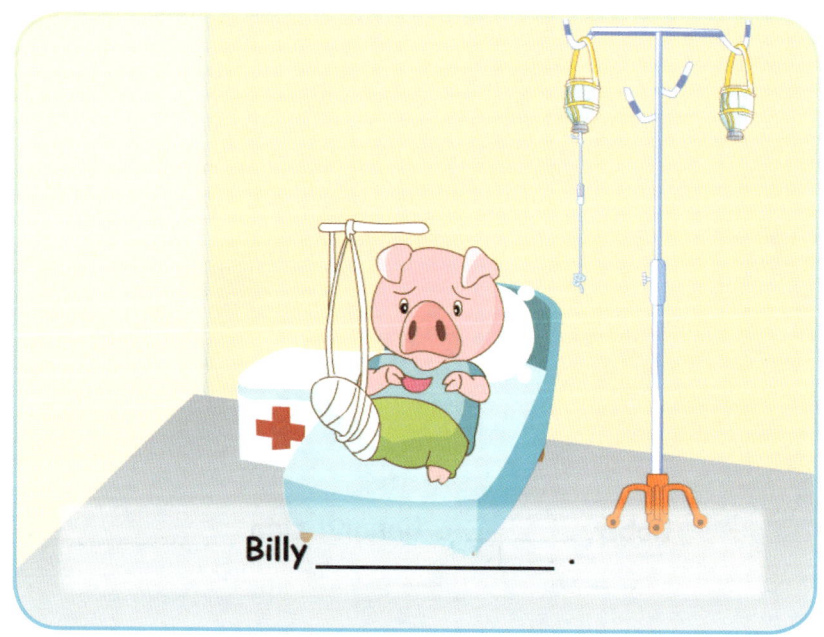

（36）你告诉朋友"不应该那样做，把它捡起来，它会使街道变脏"，可以怎么说？

（37）Bobby和Sam正在做一个项目，可以怎么说？

（38）让我们做一张海报告诉他们（关于保护地球这件事），可以怎么说？

（39）让我先画地球，可以怎么说？

（40）海报做好了，他们把它放在校门口，可以怎么说？

（41）我现在很富有，可以怎么说？

（42）提醒朋友小心，可以怎么说？

材料三：

5-1/6-1 请就日常生活话题作简短叙述（注：图片仅供提示和参照）

（1）请按照日记格式说一说你和家人或者朋友在上个星期天的活动

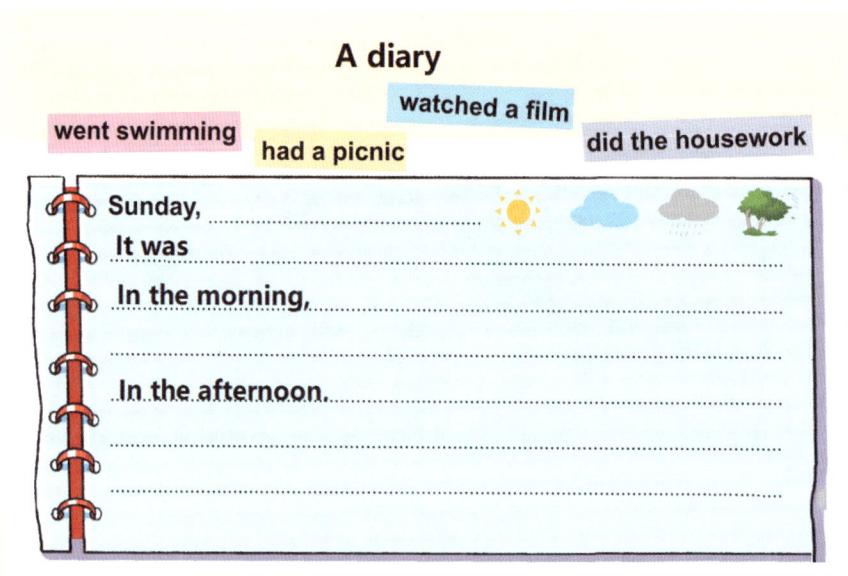

（2）请说一说你假期里的旅游经历

My holiday

I went _____ for the holiday.

I saw _____

I _____

_____

_____

It was great fun.

（3）请看图说出下列标志的意思

（4）请看图说一说Anna的春节计划

What is Anna going to do at Chinese New Year?

Before Chinese New Year
- buy _____ and _____
- make _____ and _____

On Chinese New Year's Eve
- _____ with family
- buy _____

On Chinese New Year's Day
- get _____ from parents
- watch _____

On 2nd day of Chinese New Year
- watch _____

（5）请说一说什么使我们的城市变脏，我们应该怎么做使我们的城市保持干净

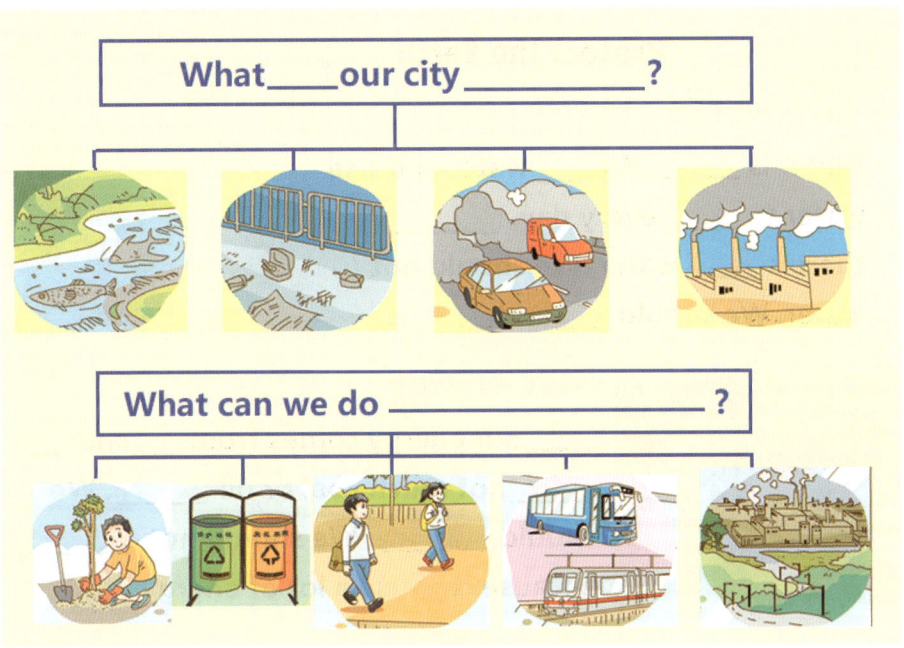

- We can take _____ and _____ to school.

- We can also _____ to school.

- We can move some _____ away from the city.

- We can put _____ in the bin.

- We can plant more _____.

（6）请看图从用途、现状和措施等方面说一说如何保护地球

Protect the Earth

Save water

Water is _____. We_____water and use water to _____every day. _____, there's _____water. We should not _____ water. We should_____ and _____ it.

Save energy

_____our energy comes from ____and____. _____ not much coal or oil _____. We should _____. We should not _____ because cars use a lot of energy.

Save trees

Wood _____ trees. We_____wood ____ make tables, chairs and _____. We should not _____ trees because trees _____ the air _____.

Don't use _____.

We use plastic to _____ and _____, but too much plastic _____ the Earth. We should not use _____ plastic _____ or____. We should use _____ bags and _____ bottles.

材料四：

7-1 请看图片，在提示下讲述故事

Long long ago, there ... a king.
He ... clothes.
One day, two men...
They said they could ... for the king.
The king was ...

The two men ... the king his ...
The king ... his new magic clothes.
They said 'Clever people...''

The king ... the city ... his new clothes.
There ... in the street.
They ... the king and ... 'What ... !'

A little boy ... the king and ...
'Ha! Ha! The king ... any clothes!'

认读领域

材料一：

1-1/2-1 请读出下列单词或词组

1.	laugh	wear	say	tell	start
	little	next	turn	child	magic
	clever	foolish	through	each	sentence
	quick	think	hard	laugh at	grandchildren
	move...away	long long ago			
2.	sunny	become	windy	cloudy	sky
	bring	drink	rainy	meet	show
	interesting	weather	high	honey	ant
	bee	cloud	rain	lose	know
	climb up	hold onto	fly away		
3.	holiday	Great Wall	excited	paper	ask
	bottle	at first	call	Bund	star
	go well	heavy rain	fashion show	National Day	
	Shanghai Museum		Palace Museum		
	Summer Palace	Tian'anmen Square			
4.	ago	office	newspaper	news	watch
	e-book	with	yesterday	use	telephone
	anywhere	radio	make friends	TV	look out of
	still	do shopping	spell	go on	
	all over the world		make a sentence		
5.	sign	careful	mean	floor	around
	litter	go in	take...into	restaurant	someone

	smoke	smell	outing	walk on	mobile phone
	then and now	shopping centre			
6.	keep	clean	make	dirty	museum
	ground	smoke	air	rubbish	messy
	dead	bin	plant	more	throw
	skin	pick...up	slip	fall	
	move...away from				
7.	use	much	oil	drive	other
	glass	collect	protect	Earth	save
	useful	waste	reuse	energy	most
	come	from	coal	wood	cut down
	too many	plastic	too much	project	poster
	gate				
8.	get	next week	food	rich	plan
	tangyuan	Hong Kong	red packet	lion dance	fireworks
	hooray	firecracker	light	Chinese New Year's Eve	
	Chinese New Year's Day				

材料二：

3-1/4-1 请读出下列单词，并说出划线部分字母的发音

1.   <u>ar</u>m   c<u>ar</u>d   h<u>ar</u>d   p<u>ar</u>k
2.   d<u>ear</u>   h<u>ear</u>   n<u>ear</u>   y<u>ear</u>
3.   moth<u>er</u>   sist<u>er</u>   summ<u>er</u>   teach<u>er</u>   wint<u>er</u>
4.   b<u>ir</u>d   d<u>ir</u>ty   g<u>ir</u>l   sh<u>ir</u>t   sk<u>ir</u>t
5.   c<u>oo</u>l   f<u>oo</u>d   r<u>oo</u>m   sch<u>oo</u>l   z<u>oo</u>
6.   b<u>oo</u>k   c<u>oo</u>k   f<u>oo</u>t   g<u>oo</u>d   l<u>oo</u>k

材料三：

5-1/6-1 请将相对应的指令或要求与相应的图片进行配对

1. No littering.
2. No parking.
3. No smoking.
4. No eating or drinking.
5. Danger!
6. Wet floor.

(　　)

(　　)

(　　)

(　　)

(　　)

(　　)

材料四：

7-1/8-1 请根据海报上的信息回答问题

What can we do to keep our school clean?
To keep our school clean, we can...

材料五：

9-1/10-1 请阅读下面短文，回答问题

Sarah: Where did you go over the winter holiday?

Amy: My family and I went to Sanya.

Wu Binbin: Really? Did you like it?

Amy: Yes, it was so warm.

Sarah: Hainan is far from here. How did you go there?

Amy: We went there by plane.

Wu Binbin: How was the beach? What did you do there?

Amy: It was beautiful. I took lots of pictures, and I also went swimming.

Sarah: Sounds great! Can I see your pictures sometime?

Amy: Sure.

Questions:

1. Where did Amy go last winter holiday?
2. How did she go there?
3. What did she do there?

注：本题内容选自人教版（PEP）义务教育教科书·英语（三年级起点）六年级下册

材料六：

11-1/12-1 请从下列阅读材料中任选5篇朗读

1.

Long long ago, there was a king. He liked new clothes. One day, two men visited the king. "My king, we can make new clothes for you." The king was happy.

The two men showed the king his new clothes. "My king, please try on these magic clothes. Clever people can see them. Foolish people can't see them."

The king walked through the city in his new clothes. There were a lot of people in the street. They looked at the king and shouted, "What beautiful clothes!"

A little boy pointed at the king and laughed, "Ha! Ha! The king isn't wearing any clothes!"

2.

Sunday, 20th September
It was sunny in the morning. Su Hai, Mike, Liu Tao and I went to the park by bike.
There was a parrot show in the park. We saw some interesting parrots.

Then, the weather became windy and cloudy. We flew kites high in the sky.
It was time for lunch. We brought some jiaozi, some bread and honey and some drinks. We saw some ants on the bread and honey. There were some bees too. We could not eat our lunch!

In the afternoon, there were black clouds in the sky. It rained. We were hungry and wet. What a day!

3.

The students came back to school after the National Day holiday.

Mike: Hello, Liu Tao! Where did you go for the holiday?
 I called you, but you weren't at home.
Liu Tao: I went to Shanghai and visited my aunt.
Mike: What did you do there?
Liu Tao: We went to the Bund and visited the Shanghai Museum. I saw many interesting things. How was your holiday, Mike?
Mike: It was great fun. Our family went to a farm near Star Lake. We picked some oranges and went fishing.
Liu Tao: Did you catch any fish?
Mike: Yes, I did. l caught a big fish!
Liu Tao: That's great. Why did you call me?
Mike: Because I wanted to give you the fish.
Liu Tao: Where's the fish now?
Mike: I ate it!

4.

Six years ago, Mike could read and draw, but he could not write. Now he can do many things.

Twenty years ago, Mr Brown wrote letters to his friends. He used the telephone at home and in the office to call people. Now he has a mobile phone and he can call people any where. He also writes emails.

Thirty years ago, Mike's grandpa listened to the radio and read newspapers for news. Now he can read and watch news on the Internet. He reads e-books too.

Twenty gears ago, Mrs Brown made friends at school. She bought things from shops. Now she has e-friends from all over the world. She does shopping on the Internet too.

5.

Mike, Helen and Tim are at a shopping centre.

Mike: Be careful, Tim!

Helen: Can you see the sign?

Tim: What does it mean?

Helen: It means the floor is wet.

Then, they see a juice shop.

Helen: Do you want some juice?

Mike & Tim: Yes, please.

Tim: Here's a sign. What does it mean, Mike?

Mike: It means you can't litter here.

There is a bookshop. Helen wants to go in.

Mike: You can't take your juice into the shop, Helen.

Tim: Can you see that sign? It means you can't eat or drink there.

Helen: I'm sorry.

Now they are eating some noodles in a restaurant.

Helen: Is someone smoking? l can smell it.

Tim: Please don't smoke here. Can you see that sign? It means you can't smoke here.

Man: OK. Sorry!

6.

Miss Li: Look at these pictures of our city. Is our city clean?

Students: No, it isn't.

Miss Li: What makes our city dirty?

Su Hai: Smoke from cars makes the air dirty.

Wang Bing: Black smoke from factories makes the air dirty too.

Liu Tao: Rubbish makes the streets messy and dirty.

Su Hai: The river is dirty. There's rubbish in the water and the fish are dead.

Miss Li: What can we do to keep our city clean?
Su Hai: We can take the bus and the metro to school.
Nancy: We can walk to school too.
Wang Bing: We can move some factories away from our city.
We can put rubbish in the bin.
Liu Tao: We can plant more trees. They help keep the air clean.
Miss Li: Your ideas are great. Well done, class!

7.
Save water
Water is useful. We drink water and use water to clean things every day. In many places, there is not much water. We should not waste water. We should reuse and save it.

Save energy
Most of our energy comes from coal and oil. There is not much coal or oil on Earth. We should save energy. We should not drive so much because cars use a lot of energy.

Save trees
Wood comes from trees. We use wood to make tables, chairs and many other things. We should not cut down too many trees because trees help keep the air clean.

Don't use too much plastic
We use plastic to make bags and bottles, but too much plastic is bad for the Earth. We should not use too many plastic bags or bottles. We should use paper bags and glass bottles.

8.
Chinese New Year is coming. Su Hai gets an email from her e-friend Anna in Hong Kong.
To: Su Hai

Subject: Chinese New Year

Dear Su Hai,

How are you? It's going to be Chinese New Year next week. I'm very excited!

Tomorrow, my family and l are going to buy some new clothes and food. Then, in the evening, we're going to make some cakes and tangyuan.

On Chinese New Year's Eve, we're going to have dinner with my grandparents, my aunt and uncle and my cousin. Then, we're going to buy some flowers.

On Chinese New Year's Day, my parents are going to give me red packets. Then, we're going to watch a lion dance in the afternoon.

On the second day of Chinese New Year, we're going to watch fireworks in the evening. What are you going to do at Chinese New Year?

Love,
Anna

书写领域

材料一：

1-1/2-1/3-1 写出所听到的单词或词组

Unit1
laugh   wear   say   tell   start   little   next   turn   child

Unit2
sunny   become   windy   cloudy   sky   bring   drink   rainy   meet

Unit3
holiday   National Day   Great Wall   excited   paper   ask   bottle   at first

Unit4
ago   office   newspaper   news   watch   e-book   with   yesterday

Unit5
sign   shopping center   careful   mean   floor   around

Unit6
keep   clean   make   dirty   museum   ground

Unit7
use   much   oil   drive   other   glass   collect

Unit8
get   next week   food   rich   plan

材料二：

1-1 请写出所听到的单词或词组

Unit1

Unit2

Unit3

Unit4

Unit5

Unit6

Unit7

Unit8

材料三：

2-1 请抄写所听到的单词或词组

get next week food rich plan

use much drive glass collect

oil other keep clean museum

dirty ground make sign mean

shopping center careful around

floor ago office news watch

e-book yesterday with excited

holiday　National Day　Great Wall

paper　ask　bottle　at first　sky

sunny　windy　cloudy　rainy　meet

become　bring　drink　laugh　say

wear　tell　start　little　next

turn　child　newspaper

材料四：

3-1 请描写下列单词或词组

get next week food rich plan

use much drive glass collect

oil other keep clean museum

dirty ground make sign mean

shopping center careful around

floor ago office news watch

e-book yesterday with excited

holiday National Day Great Wall

paper ask bottle at first sky

sunny windy cloudy rainy meet

become bring drink laugh say

wear tell start little next

turn child newspaper

材料五：

4-1 请根据情境和对话，写出正确的问候语和祝福语

春节快到了，刘丽跟网友May在网上谈论她的春节计划。

Liu Li: Nice to see you, May.

May: _____ , Liu Li. Chinese New Year is coming. What are you going to do?

Liu Li: Well, I'm going to visit my grandparents on Chinese New Year's Eve. We are going to have a big dinner. At 12 o'clock, My sister and I are going to say "_____" to my parents and grandparents. They're going to give us red packets.

May: That sounds great. Are you going to visit your uncle?

Liu Li: Sure. You know Chinese New year is a good time to visit our relatives and friends （走亲访友）.

May: Ha ha, You must have a lot of fun.

Liu Li: Yes. I will show you some photos after the festival.

May: You are so nice. Thank you.

材料六：

5-1 请根据情境和对话，补全问候语和祝福语

春节快到了，刘丽跟网友May在网上谈论她的春节计划。

Liu Li: Nice to see you, May.

May: Nice to _____ you too（也很高兴见到你），Liu Li. Chinese New Year is coming. What are you going to do?

Liu Li: Well, I'm going to visit my grandparents on Chinese New Year's Eve. We are going to have a big dinner. At 12 o'clock, My sister and I are going to say "Happy Chinese _____（春节快乐）" to my parents and grandparents. They're going to give us red packets.

May: That sounds great. Are you going to visit your uncle?

Liu Li: Sure. You know Chinese New year is a good time to visit our relatives and friends（走亲访友）.

May: Ha ha, You must have a lot of fun.

Liu Li: Yes. I will show you some photos after the festival.

May: You are so nice. Thank you.

材料七：

6-1 请根据短语提示，用一般过去式写出短文，描述你是如何度过上个周日的。不少于50词。要求书写工整规范，注意字母大小写和标点符号，时态使用正确，可适当发挥。

参考词汇：sunny   went to the park   brought some bread and fruit
　　　　　had a picnic   watched a film   went home   had a good time

材料八：

7-1 请根据短语提示，用一般过去式补全短文，描述你是如何度过上个周日的。不少于50词。要求书写工整规范，注意字母大小写和标点符号，时态使用正确。

参考词汇：sunny   went to the park   brought some bread and fruit
　　　　　had a picnic   watched a film   went home   had a good time

　　It was _____ last Sunday. I _____ with my family. We brought some _____. We had _____ there. After lunch, we went to Red Star Cinema and _____. It was a funny cartoon. We _____ at six o'clock. We had _____.

英语·六年级
（下册）

编写人员：
王　霞　黄永志　刘晓慧

学　　校：_____　　年　　级：_____
姓　　名：_____　　出生日期：_____
评 估 者：_____　　评估时间：_____

评估标准：

　　3 分：独立完成单一知识/技能；或独立完成多重知识/技能 100%。

　　2 分：独立完成或在单一支持下完成多重知识/技能 60% 及以上；或在单一支持下完成单一知识/技能。

　　1 分：独立完成或在多重支持下完成多重知识/技能 20%～60% 以内；或在多重支持下完成单一知识/技能。

　　0 分：独立完成或在多重支持下完成多重知识/技能 20% 以下；或在多重支持下无法完成单一知识/技能。

听做领域

材料一:

1-1 根据听到的对话选出正确的答案

A: Hi, Wang Jun. Where will you go for the summer holiday?
B: I'll go to Hong Kong.
A: That's great. How long will you stay there?
B: I'll stay there for a week.
A: What will you do there?
B: I'll go to Ocean Park.
A: Will you go to Disneyland?
B: Sure. I'll take a lot of photos.

材料二：

1-1 请根据听到的对话选出正确的答案

（ ）（1）A: Where will Wang Jun go for the summer holiday?

　　　　　　B: He'll go to ＿＿＿＿＿＿ .

　　　　　　　A　　　　　　　　　　B

（ ）（2）A: How long will he stay there ?

　　　　　　B: He will stay there for ＿＿＿＿＿＿ .

　　　　　　　A　　　　　　　　　　B

（ ）（3）A: Will he go to Disneyland?

　　　　　　B: ＿＿＿＿＿＿ .

　　　　　A. Yes, he will. ☹

　　　　　B. No, he won't. ☺

材料三：

2-1/3-1 根据听到的故事进行判断

Li Lei's good habits and bad habits

  Li Lei is a good boy. He always gets up early and never goes to school late. He does well at school. He listens to his teachers carefully in class. He often helps his parents with the housework. But he has a bad habit. He does his homework late at night. He sometimes feels sleepy in the morning.

材料四：

2-1/3-1 请根据听到的故事进行判断

( )（1）Li Lei gets up early.
( )（2）Li Lei goes to school late.
( )（3）Li Lei doesn't listen carefully in class.
( )（4）Li Lei has no bad habits.
( )（5）Li Lei never feels sleepy in the morning.

材料五：

4-1/5-1 请听问题，根据实际情况说出正确的回答

（1）How can you cross the road safely?
（2）What must you not do on the road?
（3）What are you going to bring to the party?
（4）Are you going to bring some drinks to the party?
（5）Are they going to buy some fruit?
（6）What are they going to do on Children's Day?
（7）What's Bobby going to do at the party?
（8）Is he going to put on a play with Sam?
（9）Where will you go for the summer holiday?
（10）When will we go?
（11）How long will Mike stay in London?
（12）What will you do there?
（13）Will you visit Ocean Park?
（14）Will your friend go to Beijing by plane?
（15）Will they go to Disneyland?
（16）What do you want to be in the future?
（17）What do you want to do in the future?
（18）What do you think of Nanjing?

材料六：

6-1/7-1 根据听到的指令做相应的动作（注：老师可根据自己常用的课堂指令进行随堂检测，以下指令仅供参照）

（1）Put up/ down your hands. / Hands up.（请举起/放下手）

（2）Look at the blackboard.（看黑板）

（3）Look at the screen.（看屏幕）

（4）Take out your books.（把书拿出来）

（5）Put away your books.（把书放好）

（6）Louder, please.（请大声一点）

（7）Go back to your seat.（请回到你的座位）

（8）Quiet, please.（请安静）

（9）Stop talking now.（停止讲话）

（10）You may begin.（你们可以开始了）

（11）Time is up.（时间到）

（12）Work in pairs.（两人一组，进行活动）

（13）Work in group of...（……人一组，进行活动）

（14）Please hurry up.（请抓紧时间）

（15）Pass the worksheets to the back.（向后传练习纸）

（16）Let's act out the story.（我们来表演故事）

（17）Let's do a role-play.（我们来角色扮演）

（18）Speak in English.（用英语说）

（19）Pay attention, please.（请注意）

（20）I beg your pardon.（请再说一次）

（21）Turn to page...（翻到第……页）

（22）Read the dialogue with your partner.（和你的搭档一起读对话）

（23）Your turn, please.（轮到你了）

说唱领域

材料一：

1-1/2-1 请用正确的句型交流个人信息

（1）朋友想知道你早晨起床早吗，你们可以怎样问答？

（2）朋友想知道你在哪儿，你们可以怎样问答？

（3）朋友问你昨夜睡觉迟吗，你告诉朋友是的，但是你不困，你能走得快，你们会怎样问答？

（4）朋友问你早饭通常吃什么，你们会怎样问答？

（5）朋友想知道你打算带什么去派对上，你们可以怎样问答？

（6）朋友问你"我们在派对上打算做什么"，你们可以怎样问答？

（7）朋友问你打算带一些零食去派对上吗，你们会怎样问答？

（8）朋友问你将乘飞机去北京吗，你们会怎样问答？

（9）朋友问你在派对上打算做什么，你们可以怎样问答？

（10）朋友问你将来想成为什么，想要做什么，你们会怎样问答？

（11）朋友想知道你暑假将去哪里，什么时间去，待多久，将在那儿做什么，你们会怎样问答？

材料二：

3-1/4-1 请看图片，说出相应的句子

（1）妈妈问你"想和她一起去超市吗"，你们会怎样问答？

（2）你问妈妈"可以喝些可乐吗"，妈妈同意了，但是只能买一小瓶，同时告诉你不能喝太多的可乐，你们会怎样问答？

（3）你问妈妈"我们需要买米吗"，妈妈说"是的，我们需要许多米，买大袋的"，你们会怎样问答？

（4）请用以下句型和朋友谈论食物金字塔，你们会怎样问答？

A: Is there a lot of/ any ...?
B: ...
A: Are there a lot of/ any ...?
B: ...

（5）你问"公交车为什么会停在这儿"，你们会怎样问答？

（6）朋友想知道怎样才能安全的过马路，你们会怎样问答？

（7）朋友问你"在马路上千万不能做什么"，你们会怎样问答？

（8）请用下列疑问词和句型谈论派对的安排，你们会说什么？

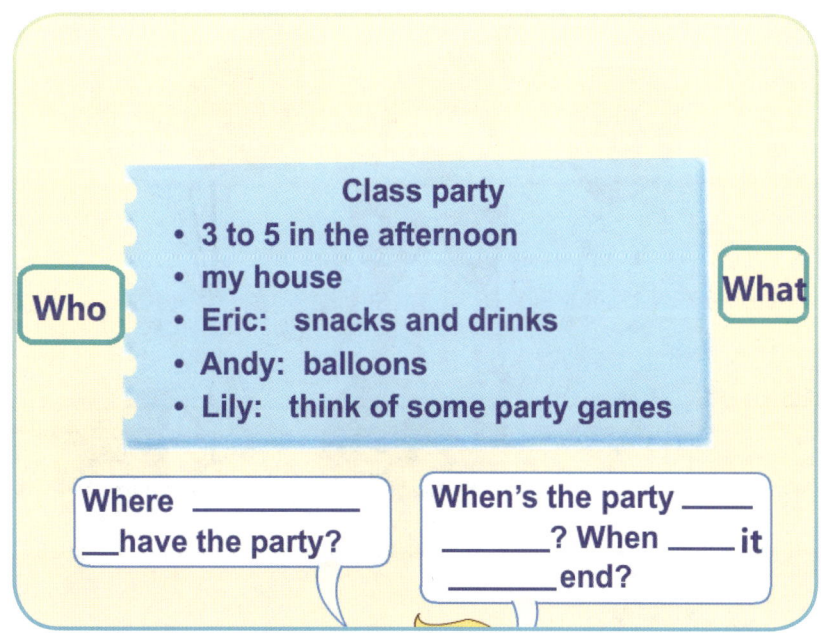

（9）朋友问你"苏海打算买什么"，你们会怎样问答？

（10）朋友问你"他们打算在派对上玩玩具吗"，你们会怎样问答？

（11）朋友问你"我们是先吃还是先玩玩具"，你说"让我们先嗨起来"，你们会怎样问答？

（12）朋友问"你觉得呢"，你们可以怎样问答？

（13）Bobby和Sam正很开心地打乒乓球，可以怎么说？

（14）Billy和Willy为他们大声地欢呼，可以怎么说？

（15）Sam太兴奋了，他用力击球，可以怎么说？

（16）你告诉朋友"洞太深了，我够不着"，可以怎么说？

（17）Sam迅速地带来一些水，把水倒进洞里，可以怎么说？

（18）你告诉弟弟应该把书和玩具摆放整齐，可以怎么说？

（19）他在家做得好，可以怎么说？

（20）冰箱里没有许多食物，可以怎么说？

（21）在马路上我们必须遵守规则，保持安全，可以怎么说？

（22）为了保持安全，你可以在人行道上等待，当心车辆，可以怎么说？

（23）他们走进客厅，可以怎么说？

They _____ the living room.

（24）下一周孩子们将学习关于澳大利亚的知识，他们想在课前了解一下这个国家，可以怎么说？

The children _____ Australia next week.
They want to _____ this country before the lessons.

（25）运动爱好者们将会喜欢澳式足球，因为它们令人兴奋，可以怎么说？

_____will like _____
____because they are very _____.

（26）澳大利亚人欢迎游客，今天就来访问澳大利亚吧，可以怎么说？

People in Australia _____
Come and _____ today!

（27）他将在网上读关于澳大利亚的资料，可以怎么说？

（28）我将去图书馆找有关澳大利亚的书和杂志，可以怎么说？

（29）你骄傲地说"那就等着瞧吧"，可以怎么说？

（30）我想成为一名旅行家环游世界，可以怎么说？

（31）"你的计划是什么"，可以怎么问？

（32）跳舞使人变得健康漂亮，可以怎么说？

（33）警察应该勇敢强壮，Sam将多做运动，可以怎么说？

材料三：

5-1/6-1 请就日常生活话题作简短叙述（注：图片仅供提示和参照）

（1）请说一说你和朋友的好习惯或者坏习惯

My habits
I have many good habits.
I always _____.
I _____.
I _____.

My friend's habits
My friend ____ has many good habits too.
He/She always _____.
He/She _____.
He/She _____.

Good habits
- _____ early in the morning.
- Do not go to school _____.
- Listen to your _____ at school.
- Finish your _____ early.
- Help your _____ at home.
- Keep your room _____.
- _____ early at night.

（2）请任选一幅图仿照说一说你的饮食习惯，记得加上量词哟

a

I like eating. I have a lot of food every day.
In the morning, I have some _____ and _____.
In the afternoon and evening, I have _____,
_____ and _____.
I like eating _____, _____ and _____.
I like sweet food very much.

b

I like eating too. In the morning, I have a
lot of _____. I sometimes have _____.
In the afternoon and evening, I have some
_____ and some _____. I only eat a little _____.
I also eat a little _____ and some _____
every day.

（3）请看图说一说健康的饮食有什么

| a few | a little | a lot of | some |

In a healthy diet, there is _____ fruit and vegetables. There is also _____ rice and bread. You can have _____ meat and fish in your meals. You can also have _____ eggs every week. Milk is good for your body. You can have _____ milk every day. Sweet food is nice, but it is not good for your teeth. Eat only _____ sweet food every day.

（4）请看图说一说如何安全过马路

How to cross the road safely?

- To cross a busy road safely, we must first look for a _____ and then look at the _____.
- Sometimes, we can wait on the _____. We must first look _____, then _____ and then look _____ again before we cross the road. We can also cross the road with _____.
- We must not _____ or _____ on the road.

（5）请仿照例句说一说你感兴趣的国家

An interesting country

About the UK
- Weather: rainy
- Interesting sport: football
- Interesting cities: London, Oxford
- Interesting places: Big Ben, London Eye, Tower Bridge

Today, I'll tell you about _____ .
The weather is _____ ,
and the people there love _____ .
You'll love _____ there.
There are some interesting _____
in the country, for example,
_____ and _____ .
You'll find interesting places like
_____ , _____ and _____ .

（6）请仿照图说一说你本周末的计划

bring buy go have make

My friends and I _____ to the park this Saturday. We _____ a picnic there.
I _____ some snacks from the supermarket.
Ken _____ some fruit from home.
Tracy _____ some sandwiches for us. She's so nice! I can't wait to have the picnic.

（7）请看图说一说你的暑假计划，然后再说一说你和小伙伴们的暑假计划

My summer holiday plans
This summer, I will go to _____.
I will go there by _____.
I will go there in/on _____.
I will stay there for _____.
I will do many things there.
I will _____
_____
_____
_____

Our summer holiday
My friends and I will be busy in the summer holiday.
- My family and I will visit Grandma and Grandpa in _____. We will stay there for _____.
- Yang Ling's _____ live in Beijing. She will visit them this summer. She will go there by _____.
- Su Hai and her family will visit _____ and _____ in Hong Kong.
- Liu Tao will go to _____ with his parents. He will take some _____ and show them after the holiday.

（8）请根据课文内容看图说一说小伙伴们的梦想，然后再说一说你的梦想

My students' dreams
- Mike wants to be _____. He wants to _____ children's teeth.
- Su Hai wants to be _____.
- Yang Ling likes playing the piano. She wants to be _____.
- Nancy is good at _____. She wants to write stories for _____.
- Liu Tao likes sport. He wants to be _____ and play _____.
- Wang Bing has a big dream. He wants to be _____ and fly to _____.

My dream
I want to be _____ in the future.
I want to _____.
To make my dream come true, I will
- _____
- _____
- _____
- _____
- _____

材料四：

7-1 请看图片，在提示下讲述故事

There was a lion in the forest.
He was very... and ...

The next day, two men ... the lion ... a ... net.
The lion ... the net with his... teeth, but that didn't ...
"How can I ...?" The lion asked...

From then on, the lion and the mouse ....

One day, a mouse... and ...the lion...

The lion was ... He wanted to ... the mouse.

The mouse said ... , "Please... me. I can... some day."

The lion ..., "You are so... ! How can you help me?"

Then the lion ... the mouse ...

Just then, the mouse ... the lion.
He ... in the net ... his teeth.
The lion ... He was very ...

认读领域

材料一：

1-1/2-1 请读出下列单词或词组

1.	large	strong	quietly	weak	loudly
	happily	mouse	walk by	wake...up	some
	day	let...go	the next day	net	bite
	sharp	sadly	just then	soon	from then on
	cheer	hit	deep	reach	quickly
	pour...into				
2.	habit	never	late	finish	tidy
	fast	put...in order	bad	sleepy	last
	night	go into	slowly	badly	
3.	healthy	diet	a little	a few	need
	at a time	cola			
4.	road	must	safe	follow	light
	safety	cross	safely	zebra	crossing
	pavement	look out for	easily	rule	stay
5.	begin	end	clown	appear	balloon
	put on	Children's Day	football player		
6.	country	will	learn	welcome	visitor
	like	month	Australia	find	out
	magazine	kangaroo	koala	sport-lover	exciting
	Sydney	for example	London	Oxford	Big Ben
	London Eye	Tower Bridge	Australian football		
7.	go back to	how long	photo	travel	stay
	sound	Disneyland	Taipei	traveller	different
	Ocean Park	summer holiday		travel around the world	
8.	dream	future	tooth	take care of	scientist

| artist | care about | astronaut | spaceship | World Cup |
| dancer | pianist | come true | brave | paint |

材料二：

3-1/4-1 请读出下列单词，并说出划线部分字母的发音

1. f<u>or</u>　　　　h<u>or</u>se　　　　sh<u>or</u>t　　　　sp<u>or</u>t
2. ab<u>ou</u>t　　　h<u>ou</u>se　　　m<u>ou</u>th　　　<u>ou</u>t　　　　sh<u>ou</u>t
3. kn<u>ow</u>　　　sh<u>ow</u>　　　sl<u>ow</u>　　　　sn<u>ow</u>　　　wind<u>ow</u>
4. <u>air</u>　　　　ch<u>air</u>　　　f<u>air</u>　　　　h<u>air</u>
5. b<u>oy</u>　　　　j<u>oy</u>　　　　t<u>oy</u>

材料三：

5-1/6-1 请将相对应的指令或要求与相应的图片进行配对

1. You must look at the traffic lights.
2. You must not run or play on the road.

　　　（　　）　　　　　　　　　　（　　）

材料四：

7-1/8-1 请根据邀请函上的信息回答问题

1.When are they going to have the party?

2.Where are they going to have the party?

3.What are they going to do at the party?

材料五：

9-1/10-1 请阅读下面短文，回答问题

Miss Jackson: Hello, kids. Today we're going to talk about healthy habits.
What should we do to keep healthy? What are your ideas?
Ted: I don't think hamburgers, sandwiches and ice cream are healthy. We shouldn't eat them every day.
Sara: I agree. We should eat more fruit and vegetables, and less meat and candy. To be healthy, we should also keep clean: wash our hands before eating and brush our teeth twice a day.
Tony: We should also exercise often. We should exercise at least one hour a day. Sports are good for us.
Sherry: We shouldn't watch too much TV or play computer games for too long.
We should also get enough sleep every day.
Bill: I think we should be happy every day. That's good for keeping healthy.
Miss Jackson: Yes, you are right, Bill. We should always be happy!

Questions1: What should we do to keep healthy?
Questions2: What shouldn't we do?

注：本题内容选自译林出版社《课课练小学英语》六年级下册

材料六：

11-1/12-1 请从下列阅读材料中任选5篇朗读

1.
There was a lion in the forest. He was very large and strong.

One day, a mouse walked by and woke the lion up. The lion was angry and wanted to eat the mouse. "Please don't eat me. I can help you some day," said the mouse quietly. "You're so small and weak! How can you help me?" laughed the lion loudly. Then, he let the mouse go.

The next day, two men caught the lion with a large net. The lion bit the net with his sharp teeth, but that did not help. "How can I get out?" asked the lion sadly.

Just then, the mouse saw the lion. "I can help you," he said. Soon, the mouse made a big hole in the net with his teeth. The lion got out. "Thank you!" said the lion happily.

From then on, the lion and the mouse became friends.

2.
Wang Bing is a good boy. He has many good habits. He gets up early in the morning and never goes to bed late. He brushes his teeth in the morning and before bedtime. At home, Wang Bing always puts his things in order. He usually finishes his homework before dinner.

Liu Tao is a good boy too. He listens to his teachers at school. He also does well at home. He keeps his room clean and tidy. He also helps his parents.
But Liu Tao has some bad habits. He often does his homework late at night and does not go to bed early. He sometimes feels sleepy in the morning.

Wang Bing and Liu Tao are friends. Wang Bing knows Liu Tao well.
"Did you go to bed late last night, Liu Tao?"
"Yes, but I'm not sleepy. I can walk fast."

"Ouch!"
"You shouldn't go to bed late, Liu Tao."

3.

Mike likes eating sweets, cakes and ice creams. He does not like drinking water.
He only drinks a little water every day.
Mike has some bread and milk for breakfast. For lunch and dinner, he has a lot of rice, some fish and some meat. He has a few eggs every week.
Does Mike have a healthy diet?

Yang Ling often has a lot of noodles for breakfast. She sometimes eats an egg too. For lunch and dinner, she eats some meat and some vegetables. She only eats a little rice.
Yang Ling likes sweet food too, but she eats a little at a time. She eats some fruit every day.
Does Yang Ling have a healthy diet?
Do you have a healthy diet?

4.

Road safety
There are many busy roads in the city. How can you cross them safely?
First, you must look for a zebra crossing. Then, you must look at the traffic lights and wait for the green man.
Can you see the red man? You mustn't cross the road now.
Look! Here's the green man. You can cross the road now.

Sometimes, you cannot find a zebra crossing near you. To keep safe, you can wait on the pavement and look out for cars and bikes. You must first look left, then right and then left again. You can also cross the road with other people. Then the drivers can see you easily.

Some children run or play football on the road. This is not safe. You must not play on the road because there are many cars and bikes.
Follow the rules and stay safe on the road!

5.

It is Children's Day this Sunday. The children are going to have a party at Mike's house. Su Hai is going to buy some snacks and drinks. Wang Bing is going to bring some fruit from home.Yang Ling is going to bring some toys and play with her friends at the party. Look at Liu Tao. What is he going to do for the party?

It is Sunday morning.The children bring their things to Mike's house.

Mike: Hello! Where's Liu Tao?

Children: We don't know.

Just then, a clown appears.

Children: Who are you?

Clown: I'm Liu Tao. Here are some balloons for you.

Children: Thank you!

Now the party begins.

Liu Tao: Are we going to eat or play with the toys first?

Mike: Let's have some fun first!

Children: Hooray!

6.

The children will learn about Australia next week. They want to find out about this country before the lessons.

Mike: I'll ask my e-friend in Australia. She can send me some photos.

Wang Bing: I'll ask Mr Green. He comes from Australia.

Liu Tao: I'll read about Australia on the Internet.

Yang Ling: I'll go to the library and look for books and magazines about Australia.

At home,Liu Tao is reading about Australia.

You will find many interesting things in Australia.Do you like animals? You will love our kangaroosand koalas. Sport lovers will like Australian Football games because they are very exciting.

You will also like Sydney. It is a beautiful city. Manypeople visit it every gear.

People in Australia welcome visitors.Come and visitAustralia today!

7.

The children are talking about their plans for the summer holiday.

Yang Ling: Where will you go for the holiday, Mike?

Mike: I'll go back to London.

Yang Ling: How long will you stay there?

Mike: I'll stay there for a month. What about you?

Yang Ling: I'll visit my aunt and uncle in Beijing.

Mike: That sounds great. Will you go to Beijing by plane?

Yang Ling: No, I won't. I'll go by train.

Liu Tao: Where will you go for the summer holiday, Su Hai?

Su Hai: I'll go to Hong Kong with my family.

Liu Tao: Will you go to Disneyland?

Su Hai: Yes, I will. We'll go to Ocean Park too. What about you, Liu Tao?

Liu Tao: I'll go to Taipei with my parents.

Su Hai: That's wonderful. I want to see the city too.

Liu Tao: OK. I'll show you some photos after the holiday.

Su Hai: Thanks!

8.

Miss Li is asking the children about their dreams.

Miss Li: What do you want to be in the future, boys?

Mike: I want to be a dentist. Many children don't care about their teeth. I want to help them.

Wang Bing: I want to be an astronaut. I want to fly a spaceship to the Moon.

Liu Tao: I want to be a football player. I want to play in the World Cup some day.

Miss Li: Thank you, boys.Your dreams are great!

Miss Li: What do you want to do in the future, girls?

Su Hai: I want to be a dancer. Dancing makes people healthy and beautiful.

Nancy: I want to be a writer. I want to write stories for children.

Yang Ling: l want to be a pianist. Music makes people happy.

Mike: What's your dream, Miss Li?

Miss Li: I want to see your dreams come true!

书写领域

材料一：

1-1/2-1/3-1 请写出所听到的单词或词组

Unit1
large   strong   quietly   weak   loudly   happily

Unit2
habit   tidy   fast   never   late   finish

Unit3
healthy   a little   diet   need   a few

Unit4
road   must   safe   follow   light

Unit5
Children's Day   begin   end

Unit6
country   will   learn   welcome   visitor   like   month

Unit7
go back to   how long   photo   travel

Unit8
dream   future   scientist   artist   tooth   take care of

材料二：

1-1 请写出所听到的单词或词组

Unit1

Unit2

Unit3

Unit4

Unit5

Unit6

Unit7

Unit8

材料三：

2-1 请抄写所听到的单词或词组

dream future tooth scientist

artist take care of go back to

photo how long travel country

will learn welcome visitor like

month begin end Children's Day

road light safe follow a few

must healthy diet need habit

a little never fast late finish

large strong loudly happily

quietly weak tooth

材料四：

3-1 请描写下列单词或词组

dream future tooth scientist

artist take care of go back to

photo how long travel country

will learn welcome visitor like

month begin end Children's Day

road light safe follow a few

must healthy diet need habit

a little never fast late finish

large strong loudly happily

quietly weak tooth

材料五：

4-1 请根据情境和对话，写出正确的问候语和祝福语

班会课上，李老师正在和学生们谈论如何成为一名好学生。

Miss Li: Good afternoon , boys and girls.

Class: _____ , Miss Li.

Miss Li: Boys and girls, do you know what makes a good student?

Li Da: A good student should get up and go to school early.

Wang Ming: A good student should say "_____" to his teachers when they come to school in the morning.

Liu Li: Yes. And a good student shouldn't watch too much TV. He should finish his homework early.

Yang Yu: A good student should follow the rules.

…

Miss Li: Well done! Boys and girls. I hope you all can be good students.

材料六：

5-1 请根据情境和对话，补全问候语和祝福语

班会课上，李老师正在和学生们谈论如何成为一名好学生。

Miss Li: Good afternoon, boys and girls.

Class: _____ afternoon（下午好）, Miss Li.

Miss Li: Boys and girls, do you know what makes a good student?

Li Da: A good student should get up and go to school early.

Wang Ming: A good student should say "_____ morning（早上好）" to his teachers when they come to school in the morning.

Liu Li: Yes. And a good student shouldn't watch too much TV. He should finish his homework early.

Yang Yu: A good student should follow the rules.

…

Miss Li: Well done! Boys and girls. I hope you all can be good students.

材料七：

6-1 请根据导图和短语提示，用一般将来时写出短文，描述你的假期计划。不少于50词。要求书写工整规范，注意字母大小写和标点符号，时态使用正确，可适当发挥。

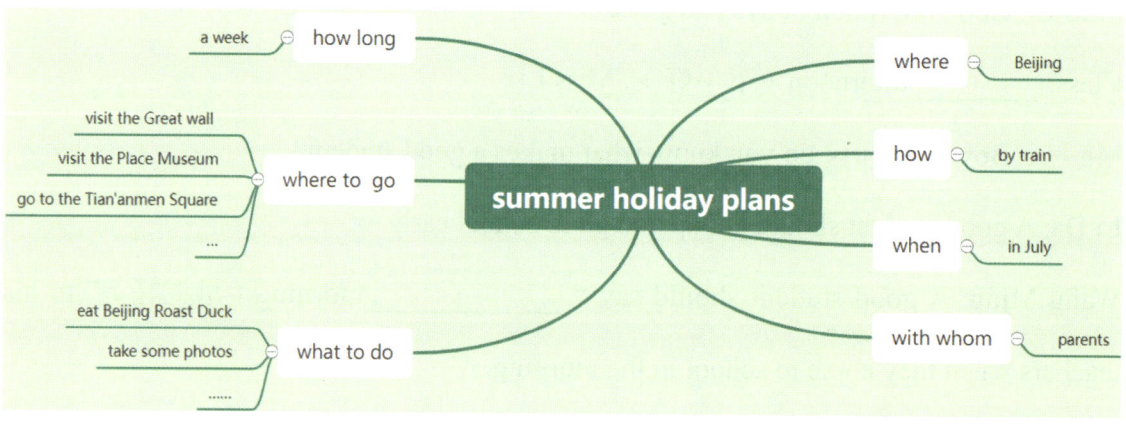

My _____

材料八：

7-1 请根据导图和短语提示，用一般将来时补全短文，描述你的假期计划。不少于50词。要求书写工整规范，注意字母大小写和标点符号，时态使用正确。

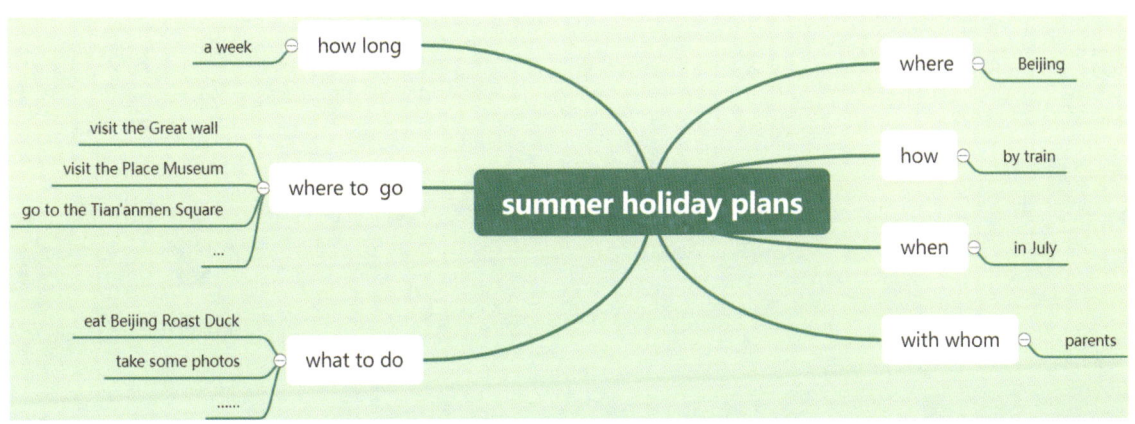

My _____

This summer, I will go to _____. I will go there by _____. I will go there with my parents in _____. I will stay there for _____. I will do many interesting things there. I will visit the _____ and the _____. I will also go to the _____ and watch the flag-raising ceremony（升旗仪式）. We will take _____ and eat _____ in Beijing. I will have a wonderful summer holiday.